日銀が破綻する日

浅井隆

The day the Bank of Japan collapses.

第二海援隊

プロローグ

日銀は万能ではない

一国の中央銀行が破綻する、などということが本当にあるのだろうか⁉

言うまでもないことだが、実は中央銀行（日銀）がいくら国家の銀行といえども、経済の原理・原則から逃れることは絶対にできない。多くの不良債権を抱え込んだり、あまりにも無理なことを強要されたりすれば、やはり最後は破綻する。

最近、専門家の中にも「国の借金一〇〇〇兆円も日銀が肩代わりすれば何とかなる」というようなことを言い出す人まで現れたが、それこそまさに天をも恐れぬ〝暴論〟であり、国民の目をそらすための虚言と言わざるを得ない。歴史を見れば明らかな通り、実に多くの国々が破産してきたし、それと並行して実に多くの中央銀行も破綻してきた。

かつて私の知り合いの金融関係者の中にも「中国は共産党一党独裁なので、

経済に何かが起きそうになっても政府が市場を管理し、コントロールできるから大丈夫」と断言していた人がいたが、現在の中国経済の実態を見るが良い。二〇一五年夏の上海暴落の時などは、慌てふためいた中国政府は何でもありの手を打ち出したが、それがかえって投資家の疑心暗鬼を生み、さらに株価は大暴落した。そして中国バブル崩壊の影響はまったく治まらず、今や世界を恐慌寸前の崖っぷちへと追いやっている。

それと同じで中央銀行だから何でもできる、国のすべての借金も肩代わりできるなどと言うのはまったくもってありえないことであり、一時的には肩代わりできたとしてもやがてその恐るべき反動がやって来て、国民の生活もろとも粉々に吹き飛ぶことになる。なにしろ日銀は発券銀行であり、日銀の信用が大きく毀損《きそん》すれば円の価値そのものが大暴落するわけであり、国内に大インフレが発生して国民の生活は完膚なきまでに破壊される。

アベノミクスによって日銀は、毎年八〇兆円もの日本国債を買わされている。それによって日銀の資産は四〇〇兆円を超える規模にまで膨れ上がっており、これはわが国のＧＤＰの八〇％を超える。〝資産〟といえば聞こえはいいが、国の借金のカタを買い取っているわけであり、すでに実質的な国債の直接引き受け状態に陥っている。この中央銀行による国債の直接引き受けは、先進国では「禁じ手」と言われるものであり、それをやればその国は将来、大災難に見舞われると言われている。

その日銀の資産がアベノミクスの大号令の下に急膨張しており、早ければ二〇一七年中にも前代未聞のＧＤＰと同額（つまりＧＤＰ比一〇〇％）に達しようとしている。ちなみに、米国の中央銀行であるＦＲＢは約二五％に過ぎない。いよいよ日本国の破産が日銀破綻をキッカケとして巻き起こる可能性が高まってきた。二〇一七年から東京オリンピック開催の二〇二〇年までは要注意である。もし、あなたが自らの生活と家族を守りたいのであれば、今から手を打っておいた方が良いだろう。なにしろ、その日が来てからでは手遅れなのだ。

二〇一六年五月吉日

浅井　隆

日銀が破綻する日 ―――― 目次

プロローグ

第一章 二〇一七年に日銀の資産がGDP（五〇〇兆円）を超える！

第二章　日銀の歴史とナゾ

第三章　中央銀行とは何か

第四章　マネーとは、国債とは

エピローグ

第一章　二〇一七年に日銀の資産がGDP（五〇〇兆円）を超える！

「スイスフラン・ショック」ライン

日銀は巨額の買い入れを永遠には継続できないとの認識が「突然意識されれば、国債金利の大幅な上昇につながる可能性も考えられる」（英ロイター通信二〇一五年一二月三日付）――現在の日銀では珍しい「タカ派」（＝インフレ・バブル警戒派）審議委員である木内登英氏は、都内で開かれた講演会でこう警鐘を鳴らした。木内委員は二〇一三年四月の異次元緩和（量的・質的緩和　QQE）には賛成票を投じたものの、二〇一四年一〇月の追加緩和（ハロウィン緩和）には反対票を投じ、現在では日銀の年間八〇兆円にのぼる国債買い入れの減額を提案し続けている。「ハト派」（＝インフレ・バブル容認派）が多い現在の日銀では、稀有な存在と言ってよいだろう。

木内氏は、日銀が現行（年に八〇兆円）の国債買い入れを継続すると、二〇一六年には国債発行残高に占める日銀の保有比率が約四割を上回ると指摘。「未曾有の領域に入る」との認識を示した。その上で、どこかの時点で「日銀による国債の買い入れが困難化する事態も考えられる」とし、その際は「国債金利の大幅な上昇につながる可能性」（同ロイター通信）があると警鐘を鳴らす。

日銀の国債保有残高は、二〇一六年四月末の時点で三五九兆円。その結果、日銀のバランスシート（資産）は四一四兆円となり、同時点で対ＧＤＰ（国内総生産）比八三％にまで膨らんでいる。異次元緩和に踏み切る前の二〇一三年三月末のそれは三四％であったため、三年間でおよそ二・四倍になったことになる。ちなみに、金融政策の正常化を睨むＦＲＢ（米連邦準備制度理事会）のバランスシートは対ＧＤＰ比二五％で頭打ちとなっており、ＥＣＢ（欧州中央銀行）も二〇一二年央のピーク時でさえ、約三二％であった。日銀の金融政策が他の主要中央銀行よりもいかに劇的なのかは、一目瞭然といえる。

現行の買い入れを継続した場合、その割合は二〇一六年末に九〇％へ到達する見込みだ。二〇一七年中には一〇〇％を突破する。そこで、市場関係者から意識され始めたのが「スイスフラン・ショック」だ。

「スイスフラン・ショック」とは、スイス国立銀行（中央銀行）が二〇一五年一月一五日に突如としてスイスフランのユーロ相場に対する上限（一ユーロ＝一・二フラン）を撤廃した件を指す。発表の直後、スイスフランは対ユーロで〇・八五フランまで急騰。上昇率は三九％に達した。

そもそもスイスが対ユーロ相場で上限の導入を迫られたきっかけは、リーマン・ショックにある。リーマン・ショック後はユーロが売られる一方で、投資家は安全資産とされるスイスフランに殺到。輸出立国のスイスは自国通貨高に悩まされた。そこでユーロ圏債務危機の真っ只中であった二〇一一年九月、スイス中央銀行がフランの対ユーロ相場に上限を設定。同銀が為替市場に介入（ユーロ買い／フラン売り）することで相場を半ば固定した。その結果、スイス中央銀行のバランスシートは大きく膨らむことになる。二〇一四年末には、対GDP比で八五％にまで膨らんだ。

そのため、一部の市場関係者は（バランスシートの）対GDP比が八五％〜九〇％くらいを「スイスフラン・ショック」ラインだと考えている。この水準で、スイス中央銀行が介入を断念したためだ。とはいえ、理論上は中央銀行が自国通貨を売るという為替介入は無制限に実施できる。

では、なぜスイス中央銀行は敢えてスイスフランの上限を撤廃（介入を断念）したのか？　それは、端的に「終わりが見えなかった」からである。言い換えると、スイス中央銀行は「後のより大きな痛みより、いま痛みを受け入れることを決めた」（英フィナンシャル・タイムズ社説二〇一五年一月一六日付）のだ。理論上は無制限にできるが、バランスシートが膨らめば膨らむほど出口の際のコストも膨らむ。しかも、この当時はＥＣＢが刺激策として新たな国債購入策を導入すると見られていたため、ユーロにはさらなる下落観測が浮上していた。こうなると、ただでさえ管理不能なほどの外貨準備を保有しているにも関わらず、スイス中央銀行はさらなるユーロ買いを迫られる。

その結果、バランスシートのさらなる拡大を危険視した一部の保守系議員らが、中央銀行に対してユーロを売って金《きん》を買うよう要求。スイス中央銀行も出口の際のコストを考慮した結果、上限の撤廃に踏み切るに至った。

「通貨上昇はスイス経済に深刻なダメージを与えるだろう。足元では金融状況が一段と逼迫している。デフレにもかかわらず、スイスは相対的にかつてないほどビジネスにかかる費用が高くつく場所になるだろう。メーカーははるかに安いドイツの輸出品と競争しなければならない。観光業や金融業も打撃を受けるとみられる。より多くの市民が国境を越えて買い物に出かけるだろう」（英フィナンシャル・タイムズ社説二〇一五年一月一六日付）。前出の英フィナンシャル・タイムズは、景気に対する深刻な打撃や中央銀行に対する信頼感の低下を覚悟してまでスイス中央銀行が上限の撤廃を決断したことに着目。そこから「SNB（スイス中央銀行）の上限撤廃で、理論上は無制限の戦略にも実際は限界があることがわかる」（同フィナンシャル・タイムズ）という教訓を見出した。

二〇一六年末には日銀のバランスシートも「スイスフラン・ショック」ライン（対GDP比で九〇%程度）に近づく。異次元緩和の限界が近いとの指摘が上がるのもうなずける。ただし、外貨建て（主にユーロ建て）資産を買い入れたスイス中央銀行と自国通貨建て資産（主に日本国債）を買い入れている日銀とを、同列に語ることはできない。

そもそも、日銀も理論上はスイス中央銀行と同じく日本国債を無制限に買い入れることができる。仮に、日銀のバランスシートが対ＧＤＰ比で一〇〇％を超えたとしても何ら問題はない。たとえば、香港でも中央銀行（香港金融管理局）のバランスシートが対ＧＤＰ比で一〇〇％を優に超えているが、現時点で目立った問題は起きていない。

ただし、スイスや香港が買い入れているのは外貨建て資産だが、日本の場合は自国通貨建ての国債が対象だ。無制限に存在する外貨建て資産と違い、市中に存在する日本国債は数が限られている。すなわち、日銀は無制限に日本国債を買い入れることができるが、それは誰かが売りに出せばという条件付きだ。現行の異次元緩和は日銀に対する売り手が存在する限り、継続が可能ということになる。

日銀の資金循環統計によると、二〇一五年末時点の日本の国債発行残高は一〇三六兆円。そのうち、日銀が保有する割合が三二・〇％で海外投資家のそれが一〇・二%、残りを民間の金融機関などが保有している。「民間の金融機関がまだ半分以上の国債を保有しているのだから、それを売りに出せば良いじゃないか」と思うかもしれない。しかし、日本の金融機関は総じて投資先不足(運用難)という問題に直面している。資金を借りてまで事業を拡大しようという意欲のある企業が極めて乏しい中、日本の金融機関はたとえリターンがマイナスになったとしても流動性の高い国債で運用せざるを得ない。

また、金融機関は取引の担保として相応の国債を保有しておく必要がある。持っている国債のすべてを売りに出すことなど、到底できない。

その結果、国債の発行残高に占める日銀の割合が五割くらいになると「市中に買える国債がなくなる」と言われている。現在(二〇一五年末時点)のその割合は三二%だ。これが、おそらく二〇一七~二〇一八年には五〇%となる。

「日銀が今のペースで国債を買い続ければ、一七~一八年には流動性低下の弊害が出てくる」(日本経済新聞二〇一五年八月二四日付)——これはモルガン・スタンレーMUFG証券の杉崎弘一氏の指摘だ。「二〇一七年半ばまでに長期国債の買い入れは限界を迎える」（米ブルームバーグ二〇一六年四月六日付）――元日銀副総裁で現在は日本経済研究センターで理事を務める岩田一政氏も同様の認識を示す。岩田氏はその理由のひとつとして、金融機関には担保として保有した国債があり、機関投資家もそれぞれ最適な資産構成があることから、「それを越えて日銀に（国債を）売ることはなかなか難しくなるのではないか」（同ブルームバーグ）という点を挙げた。

こうした方法論としての限界を指摘する声に対し、日銀の黒田東彦総裁は「限界はない」との立場を崩さない。黒田総裁は二〇一五年一〇月三〇日の記者会見で「国債の買い入れは限界に近づいているのではないか？」との質問に対し、「手段について限界があるとは全く思っていない」「今の時点で、国債の発行残高の三割弱であり、イングランド銀行は確か七割くらいまで買い進んだ。別に七割まで買うと言っているわけではないが、今の時点で何か買い入れに限界がすぐ来るとか、それを考慮しなければならないということにはなっていない」（米ブルームバーグ二〇一五年一一月二日付）と反論している。

しかし、これは失言であった。実は、イングランド銀行は国債発行残高の三割くらいしか買い入れていない。そのため、日銀は後に極めて異例といえる発言内容の修正を発表した。ちなみに、ＦＲＢも国債発行残高の約二割程度で買い入れを止めている。

黒田総裁は強気の姿勢を崩さないが、国債の需給が極度に逼迫するのは必至だ。そうなると、最悪の場合は冒頭で紹介した日銀の木内委員が言うように、「国債金利の大幅な上昇につながる」可能性も決して否定できない。

繰り返し強調しておくが、理論上は中央銀行は対ＧＤＰ比で何％まででもバランスシートを膨らませることができる。一部の市場関係者が危惧する「スイスフラン・ショック」ライン（対ＧＤＰ比で九〇％程度が限界）は、率直に言って杞憂だ。仮に日銀のバランスシートが対ＧＤＰ比で一〇〇％を突破しようとも、そのことによって直ちに破滅的な事態に陥るということではない。

問題は、バランスシートを膨らませれば膨らませるほど、出口の際のコストが膨らむという点にある。スイスの場合は半永久的にユーロ買いを強いられるので

各国中央銀行が保有する国債残高

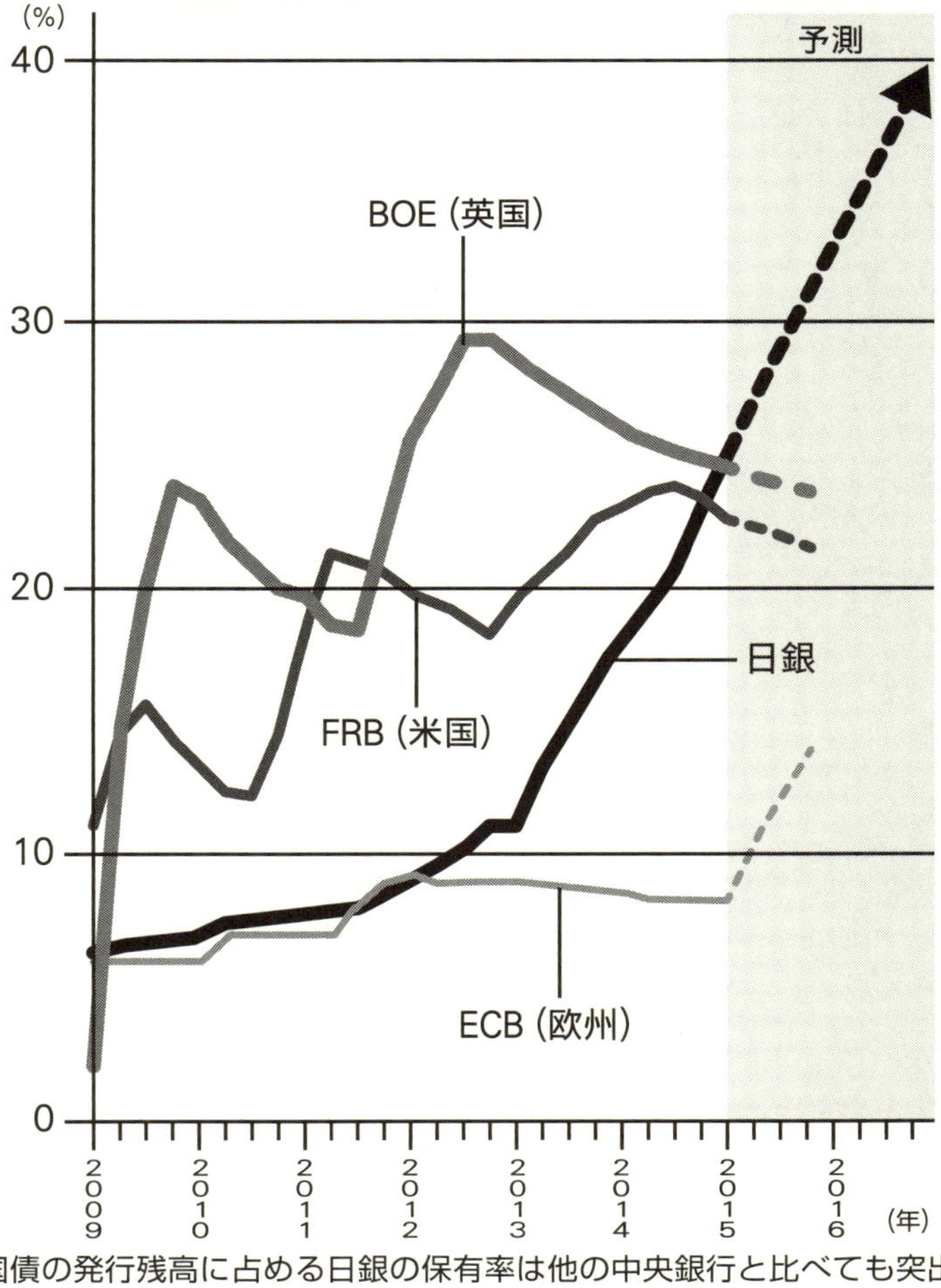

国債の発行残高に占める日銀の保有率は他の中央銀行と比べても突出している （Scotiabank Economics のデータを基に作成）

はないかと、多くの国民から懸念の声が上がった。そして複数の政治家からも同様の声が上がったことで、中央銀行はフランの上限の撤廃を決断するに至る。

日本にも同様のリスクがあるということを忘れてはならない。日銀の黒田総裁が指摘するように、理論上は「金融緩和の手段に限りはない」のだが、何らかの制約によってそれが実施できない場合も往々にしてあり得る。しかも、スイスと違って日銀が購入しているのは日本国債だ。日銀法を改正してマネタイゼーションを合法化するなどしない限り、いずれ日銀に対する国債の売り手はいなくなる。半ば強制的に日銀の異次元緩和が終了を余儀なくされる事態など、想像するだけで恐ろしい。すべての市場が突発的に大逆回転を起こすだろう。そうした事態を免れたとしても、一国の中央銀行が自国債を対GDP比で一〇〇％近く保有するのは前代未聞のことだ。金融政策の出口は、相当に難しいものとなるに違いない。

日本の戦中・戦後に起きたインフレは、当時の蔵相・高橋是清が暗殺されたことにより金融政策の出口が失敗したことで起きた。今回も、非常に高い確率で悪性インフレが起こると考えてよい。

マイナス金利は二％までならＯＫ？

「マイナス金利は二年足らずのうちに、井戸端会議での憶測から、世界経済のほぼ四分の一にとっての現実に変わった」（英フィナンシャル・タイムズ二〇一六年四月一二日付）。記事が言うように、今から数年前までは「マイナス金利」などあくまでも理論上の話に過ぎなかった。しかし、日本を含む一部の主要国ではそれが現実のものとなっている。

世界で最初にマイナス金利を適用したのは、デンマークだ。デンマーク国立銀行（中央銀行）は、二〇一二年にユーロに対する自国通貨の高止まりを防ぐためマイナス金利を導入。その後、二〇一四年にはデンマークと同様の理由でＥＣＢ（欧州中央銀行）やスイス国立銀行（中央銀行）、さらには二〇一五年にスウェーデン国立銀行（中央銀行）がマイナス金利を導入した。ご存知の通り、わが日銀も二〇一六年一月からマイナス金利を導入している。

「マイナス金利というシナリオは実現しないものと考えられていた。経済学では、金利の下限はゼロとされている」（米ウォールストリート・ジャーナル二〇一五年一二月一〇日付）にも関わらず、マイナス金利は複数の国で導入された。これは単純な話、「金利がゼロでも景気が良くならないから、いっそのことマイナスにしてしまおう」という短絡的な動機に基づいている。

導入されたのはよいが、マイナス金利が本当に効果的なのかは未知数だ。前出のウォールストリート・ジャーナルは、「理論的には、マイナス金利は融資の促進という形で消費者や企業に恩恵を及ぼす。そのため、現金は緩和策が生み出した厄介な存在となり、誰もが現金を保有するよりも使いたがるはずだ」としながらも、「今のところ、マイナス金利の効果が統計上、確認できたとまでは言えない」と分析。「マイナス金利という冒険は始まったばかり」だと擁護しつつも「どのような結末になるかは全く分からない」（以上すべて米ウォールストリート・ジャーナル二〇一五年一二月一〇日付）と、得られる効果がわかりづらい点を強調した。

普通に考えれば、貸し手が借り手に利息を支払わなければいけない国債など誰も買わないだろう。銀行に利息を払ってまで預金する人もいないはずだ。しかし、マイナス金利が導入された後もそれらの国では国債に対する需要は引き続き高い水準を保っている。日本やユーロ圏では、銀行の貸し出しも増えていない。現時点では、当局のもくろみは外れている。

結論からすると、金利がマイナスになったからといって企業や個人が簡単に投資行動を変えることはない。そもそも、マイナス金利が導入される以前もほとんどの国で金利はゼロに張り付いていた。低金利に慣れきった私たちからすると、それがマイナスになったところで大した驚きはない。

日欧などの先進国は、慢性的かつ深刻な投資先不足に悩まされ続けている。その原因として、社会が成熟している点や少子高齢化といった複数の理由が取り沙汰されているが、結論からすると、こういった現状では金利がいくら低くても借金をしてまで投資しようという人は極めてまれだ。

さらに言うと、先進国では低成長と財政赤字が常態化している。そのため、多くの人が漠然と将来に不安を抱えており、債務コストがいかに低かろうと積極的にリスクを選好しようとはしない。これは個人や企業に関係なくだ。

たとえば、英ロイター通信の企業調査（資本金一〇億円以上の中堅・大企業四〇〇社を対象に二〇一六年四月一日～一五日にかけて同社が実施。四〇〇社のうち、回答したのは二四五社程度）によると、マイナス金利での資金調達を検討している企業は全体の一割強に留まり、資金調達コスト低下が設備投資計画に寄与するとみていない企業が三分の二を占めた。また、マイナス金利の拡大に八割近い企業が反対しており、「導入自体が失敗」との見方を示した企業も少なくない。

際立った効果が得られていないからか、多くの国でマイナス金利の幅をさらに拡大させようという議論が起こっている。しかし、マイナス金利の幅を広がろうとも私たちの投資行動はそう簡単に変わらない。むしろ、マイナス金利の幅の拡大はキャピタル・フライト（預金の引き出し）などの副作用ばかりを深刻化させる可能性を秘めている。ＩＭＦ（国際通貨基金）は、マイナス二％までならキャピタル・フライトは起こらないとの見解を示しているが、楽観はできない。

ターゲットは「金庫」――マイナス金利が促した日本人の爆買い

実際、日銀が二〇一六年一月にマイナス金利の導入を発表した直後には、全国各地で金庫の売上が急増した。海外メディアもその熱気を相次いで報じたほどである。米ブルームバーグ（二〇一六年二月二四日付）は「金庫メーカー、エーコーによると、今年の金庫出荷台数は前年同期に比べ倍増しており、在庫切れの品もあるという」と報じ、米ウォールストリート・ジャーナル（二〇一六年二月二二日付）も「日本では個人用金庫の売り上げが伸びている。これも銀行に資金を預けるよりは、現金を貯めておいた方がよいという心理の表れと見られる。日本の家具販売業者、島忠は先週、金庫の売り上げが前年同期の二・五倍に増えたと説明した。同社が販売している価格七〇〇ドル（約七万八四〇〇円）の金庫は品切れ状態で、注文が可能になるのは一～二カ月後になるという」と伝えた。

需要が高まっているのは金庫だけではない。高額紙幣に対する需要も高まっている。その先例は、日本よりも前にマイナス金利を導入したスイスだ。スイス中央銀行によると、昨年末時点でスイスの最高額紙幣である一〇〇〇スイスフラン（約一一万三〇〇〇円）の流通量は、スイスでマイナス金利が導入する直前（二〇一四年一一月）に比べて約一七％も増加している。スイス中央銀行は自国通貨高を阻止する目的で二〇一四年にマイナス金利を導入（中央銀行預金金利をマイナス〇・二五％に設定）、二〇一五年には同金利をマイナス〇・七五まで引き下げた。その結果、自宅で現金を保有する目的で高額紙幣への需要が高まったのである。

――経済成長率が一％の低水準にとどまる中、多くのスイス国民は銀行から預金を引き出し、タンス預金に励んだ。（中略）預金金利が極端に低くなっている日本でも事情は同様だ。一万円札に対する需要は昨年六・二％増加し、二〇〇二年以来の高水準となった。ただ、一万円は一〇〇スイスフランからみれば一〇分の一以下の金額であり、これでタンス預金してもすぐに保管場所が一杯になってしまう。日銀が先月、一部の当座預金へのマイナス金利を導入した際、金庫を買う動きが一気に高まったのはこのためだ。

（米ウォールストリート・ジャーナル二〇一六年三月四日付）

日本で金庫の売上が急増したことや、高額紙幣の需要が増加したことはある意味で当然だ。現時点でこそ邦銀各行は預金者にマイナス金利の負担を課すことはないとしているが、日銀の黒田東彦総裁はマイナス金利の幅を拡大させる用意があることを事あるごとに匂わせている。識者らで構成される金融法委員会は「預金の利息を預金者が支払うことは契約上できない」とするが、手数料

として徴収すれば話は別だ。どこかの時点で、銀行が大口の預金者を中心に手数料を課す可能性は決して否定できない。

たとえ、預金にマイナス金利が課されることはないとしても、そもそも邦銀に大量の現金を置いておくメリットは「警備効果」を除けばほぼ皆無だ。日本の平均的な預金金利（〇・〇二五％）では、複利で計算したとしてもリターンはほとんど見込めず、資金を二倍にするためには二八八〇年後の西暦四八九六年まで待つ必要がある。

もちろん、自宅に多額の現金を置いておくのは確かに危険だ。しかし、日本の金融機関とて将来的には決して安泰とは言えない。というのも、マイナス金利は結果的に日本の金融システムを脆弱にする可能性を秘めているのだ。

前述したように、金融機関のほとんどはマイナス金利が導入されたところで投資行動をすぐに変えることができない。資金の借り手が乏しいため、銀行が貸し出しを増やそうと努力しても貸出の増加は望み薄だ。やはり、国債への投資を継続せざるを得ない。とはいえ、頼みの国債は一〇年物でも利回りはマイナスに沈んでいる。こういった状況で金融機関が収益を上げるには、政府にさらに長期でお金を貸すか、海外などに投資する必要が出て来る。

実際、日本の銀行は二〇一五年一月に超長期債の日本国債を一九七四億円も買い増した（二〇一四年一二月は七〇億円しか買っていない）。年限一〇年までの国債がマイナス利回りとなっているため、リターンを確保するために保有国債の長期化を迫られたのである。これは確実に金融システムの脆弱化を招く。

二〇一六年三月四日付の米ブルームバーグは「マイナス金利は金融システムを脆弱にする——日本を見よ」と題した論説記事で次のように警鐘を鳴らした。「(マイナス金利の) 結果は恐ろしいものになる可能性がある。日銀の取り組みが実を結びインフレが上向けば国債利回りは上昇する。超長期債を抱えた銀行は大きな痛みを感じることになり、日本の金融システムが、悪くすれば衝撃、少なくとも大きな揺れに見舞われることになるだろう」。

二〇一七年四月の消費税増税が延期されるようなことでもあれば、日本国債はほぼ確実にムーディーズなどの大手格付け機関から格下げされる。日本国債が格下げされれば、その国債を大量に保有する日本の金融機関も格下げされるのは必至だ。このことも金融システムへの不安をあおるだろう。

自宅に多額の現金を置いておくのは非常に危険だが、中長期的には金融機関も盤石とはいえないのだ。預金者の苦悩を表すかのように、マイナス金利の導入後に警備大手セコムの株価が急伸している。

借金をすると、利息がもらえる⁉

マイナス金利によって表面化し得る副作用はキャピタル・フライト（預金の引き出し）や金融システムの脆弱化に留まらない。日本に先行してマイナス金利を導入したデンマークやスウェーデンなどではバブルの懸念も燻っている。

金融コンサルタントのハンス・ピーター・クリステンセンさん（三五）は、銀行から受け取った住宅ローンに関する最新の明細書を開けて驚いた。四半期の金利支払額が「マイナス」の二四九デンマーク・クローネ（約四一〇〇円）だったのだ。クリステンセンさんは一〇年前にデンマーク北部オールボーの自宅を購入したが、彼がその際に借りた住宅ローンの金利を支払うのではなく、銀行が彼に利息を支払ったのだ。昨年一二月三一日時点の彼の住宅ローン金利は、手数料を除外してマイナス〇・〇五六二％だった。

（米ウォールストリート・ジャーナル二〇一六年四月一五日付）

二〇一六年四月一五日付の米ウォールストリート・ジャーナルは、「儲かる住宅ローン、北欧マイナス金利の現状」と題した論説記事を掲載。摩訶不思議なマイナス金利の世界をこのように描写した。

記事は、マイナス金利が長期化しているデンマークやスウェーデンは「望ましくない副作用に対する懸念は既に出てきている」と指摘。それは「消費者の貯蓄口座に金利がつかないことや、銀行の収益に圧力がかかることだ。また、住宅ローン・ブームは、金利が反転した場合に問題を生じさせる恐れも高まっている」ことと説明。その上で、「両国の当局者は、低金利により家計が借り入れを膨らませており、金利が上昇したり不動産価格が下落したりした場合に、返済ができなくなるのではと懸念している」と指摘。スウェーデン中央銀行の総裁が同紙に対し、「家計は借り過ぎており、危険だ。できるだけ早く反転させなければならない」（以上すべて米ウォールストリート・ジャーナル二〇一六年四月一五日付）と語ったと伝えた。

デンマークやスウェーデン、そしてノルウェーでは家計債務と住宅価格の上昇が続いている。スウェーデン中央銀行によると、同国の家計債務の可処分所得（税金などを差し引いた後の自由に使える所得）に対する比率は、約一八〇％（二〇一六年四月時点）。二〇一八年には一九〇％になるという。すなわち、スウェーデンの人たちは自由に使える所得の二倍弱もの債務を抱えるというわけだ。また、ストックホルムの住宅価格は二〇一五年に一七％の上昇を記録。二〇一四年の上昇率（一〇％）を軽く上回った。スウェーデン中央銀行は、こ

デンマーク・スウェーデン両中央銀行の政策金利の推移

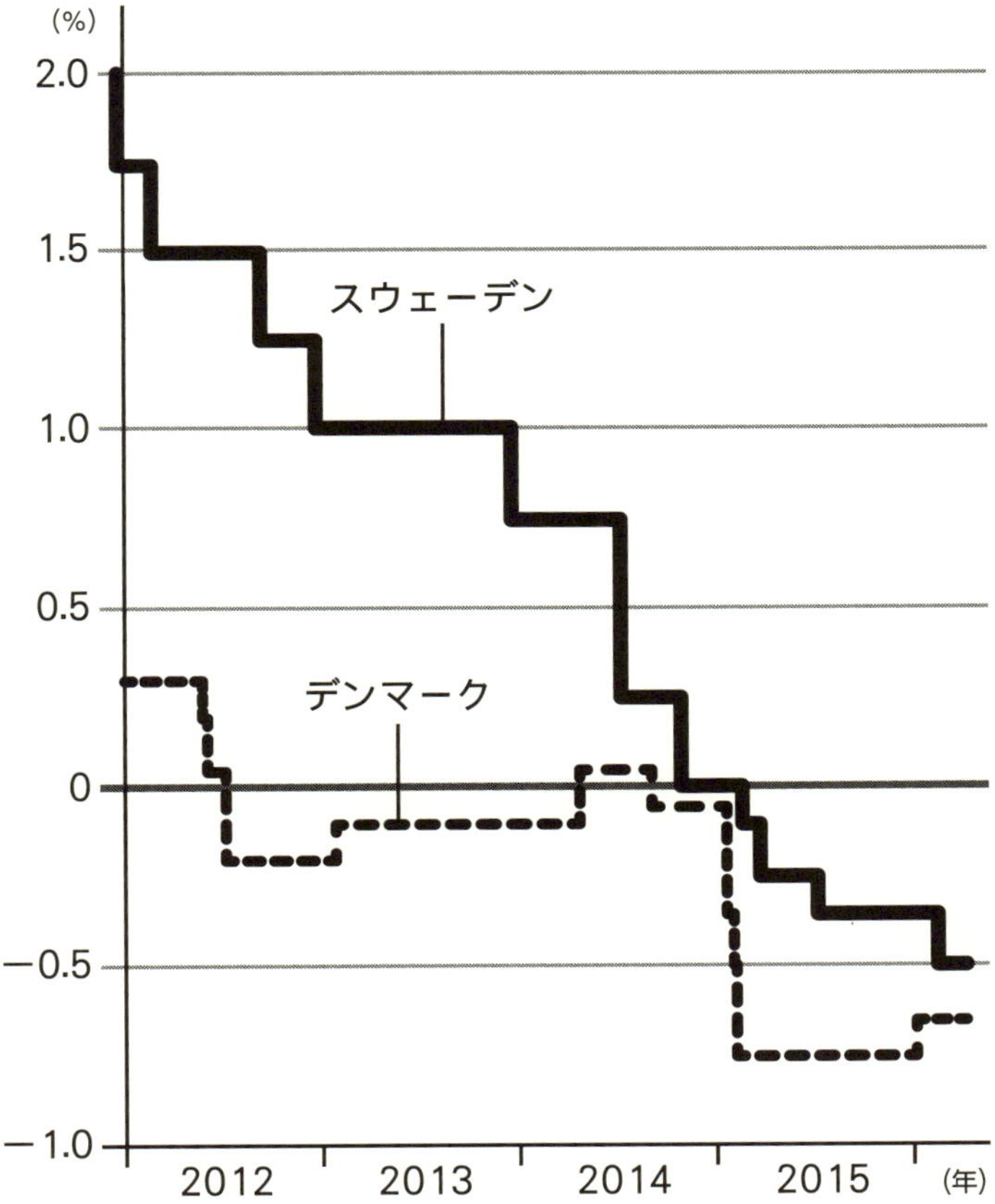

（デンマーク・スウェーデンの各中央銀行のデータを基に作成）

れらは「持続不可能」だと警告している。

先ほど、日本やユーロ圏ではマイナス金利は効果を発揮していないと述べた。しかし、デンマークやスウェーデン、ノルウェー（マイナス金利の導入を検討している）といったスカンジナビア諸国ではマイナス金利が効果を発揮している。というより、効果を発揮し過ぎて持続不能な状況を作り出していると言ってよい。非ユーロ圏であるスカンジナビア諸国は自国通貨高／ユーロ安を阻止する意味でマイナス金利を導入した。しかし、ユーロ圏からの資金の流入は止まらず不動産価格は上昇。自国民もマイナス金利を利用して不動産などに飛び付いた。これは完全にバブル（持続不可能）であり、後に深刻な経済危機を誘発する可能性が高い。

マイナス金利の本当の目的は？

本当にマイナス金利は金融政策として妥当なのか。世界最大の資産運用会社である米ブラックロックの最高経営責任者（CEO）、ローレンス・フィンク氏はきっぱりと「ノー」を突き付けている。米ブルームバーグによると、同氏は株主に宛てた年次書簡（二〇一六年四月一〇日付）で「世界経済が社会的、政治的リスクを背景に過去約一〇年で最も脆弱な状態にある」と指摘。その上で、「マイナス金利はそうした状況において『特に憂慮すべき』であり、逆効果となる危険がある」（米ブルームバーグ二〇一六年四月一一日付）との認識を示した。

フィンク氏は、マイナス金利は「貯蓄者が必要としているリターンを得るのを妨げており、支出して経済を刺激するのではなく貯蓄を増やすよう消費者に強いている可能性がある」（英フィナンシャル・タイムズ二〇一六年四月一三日付）と述べる。その一方で、「世界中の預金者を厳しく痛めつける半面、利回りを得ようとするインセンティブを生み、流動性が低い資産クラスへの投資を促してリスク水準を高めており、金融・経済の両面で危険な結果をもたらす可能性がある」（米ブルームバーグ二〇一六年四月一一日付）と効果が発揮した場合の副作用にも懸念を示した。

ここ日本でも、マイナス金利に対する国民の支持は広がっていない。むしろ、日本の預金者はマイナス金利（手数料）が課せられる可能性や金融システムが脆弱化する事態に不安を募らせている。

そうした国民の不安とは対照的に日本政府はほくそ笑んでいるに違いない。事実、資金の借り手である日本政府は、マイナス金利によって最大限の恩恵を受けている。マイナス金利の国債が入札する時には、日本政府にお金が入るのだ。一部の市場関係者は、マイナス金利やＱＥ（量的緩和）といった政策はマネタイゼーションの一環だと批判している。批判派に言わせると、世界各国が人為的に国債価格を高止まりさせながらインフレを目指すのは「政府債務をチャラにするのが狙い」だというわけだ。

そして、おそらくこの見方は間違っていない。莫大な政府債務を抱える国家が、実質金利の高止まりするデフレ下で財政再建するのはほぼ不可能だ。やはり、インフレ率を高める必要がある。しかし、前例のない金融緩和を繰り返し強化しても一向にインフレ率は上向かない。だからこそ、金融政策は今後も過激化していく。おそらく、近い将来に「ヘリコプターマネー」を導入する国も出て来るだろう。

最後はやはり、ヘリコプターマネー

中世イタリアで近代の銀行業が誕生したとき、欧州の数学者らは負の数をばかげたものと考えていた。大銀行家として栄華を誇ったメディチ家やペルッツィ家の時代から六〇〇年がたったいま、銀行は負の金利、つまりマイナス金利に直面している。現代の世の中で負の数は広く使われているが、マイナス金利は一般的に受け入れられてはいない。（中略）負の数を役に立たない架空のものと考えていた数学者らの矛先はやがて、負の数の平方根である「虚数（imaginary number）」へと移っていった。中銀の場合、空想（imaginary）の金融政策といえば「ヘリコプター・マネー」だろう。経済学者ミルトン・フリードマンが一九六九年に提唱したこの戦略は、中央銀行が国民に直接お金を配るなどといった財政ファイナンスを指す。マイナス金利の実験が失敗すれば、この空想の政策が現実味を帯びるかもしれない。

（米ウォールストリート・ジャーナル二〇一六年四月一五日付）

二〇一六年四月一五日付の米ウォールストリート・ジャーナルは「マイナス金利政策の次に来るもの、それはヘリコプターマネー」と題した論説記事を掲載、このように述べた。数年前までは「そんな馬鹿な」と一笑に付された金融政策であるヘリコプターマネーが、急速に現実のものとなりつつある。

記事も伝えたように、ヘリコプターマネーとは経済学者のミルトン・フリードマンが提唱したもので、「中央銀行が紙幣を刷ってそれを国民に直接バラ撒く」（中央銀行がヘリコプターから国民にカネを撒く）という政策を指す。最大の特徴は、金融政策をつかさどる中央銀行が財務省の範疇である財政政策にまで踏み込むという点だ。すなわち、中央銀行が政府の〝財布〟と化す（政府がその財布から国民にお金を配る）。まさに奇策と呼ぶにふさわしく、戦後に限れば主要先進国がヘリコプターマネーを発動した試しはない。

ところが、ここに来て複数の先進国はヘリコプターマネーを真剣に議論するようになった。少なくない識者も先進国にヘリコプターマネーを導入するよう進言している。その筆頭格は、二〇〇六年から二〇一四年までＦＲＢ（米連邦準備制度理事会）の議長を務めたベン・バーナンキ氏だ。バーナンキ氏は以前から「デフレから脱却したいのであればヘリコプターからお金を撒けば良い」と主張しており、ヘリコプターマネーの擁護派として〝ヘリコプター・ベン〟なる異名を持つ。同氏は、二〇一六年四月一一日にも自身のブログで「慢性的な需要不足なのに通貨政策が思うようにいかず政界の反対で財政政策も使うのが難しい時には、ヘリコプターマネーは最も良い対案になりうる」（中央日報二〇一六年四月一八日付）と先進国は同政策を検討するよう主張した。

そんなヘリコプターマネーには実例がある。第二次世界大戦中の日本だ。

当時の日本政府が中央銀行を「打ち出の小槌」とすることで戦費を賄ったこ

とは広く知られている。より具体的には、政府は財務省が発行した日本国債を日銀が直接引き受ける（すなわち日銀が財務省に直接資金を供給する）形で戦費を調達した。すなわち、日銀は「通貨価値の安定」という自らに課せられた責務を放棄して、政府の戦費調達を優先させたのである。

ヘリコプターマネーは、これを現代でやろうというものだ。現在、日銀が実施している異次元緩和やマイナス金利に対しても「事実上の財政ファイナンス」と指摘する有識者は少なくない。しかし、現行の異次元緩和では財務省が発行した日本国債を国内金融機関が一度保有した後に日銀がそれを購入する形で金融機関に資金を供給している。財務省の発行した国債を日銀が直接購入していないという点が、戦時中との大きな違いだ。

この場合だと、日銀が国内金融機関から国債を買って資金供給量を増やしたところで、銀行が貸し出しを増やさない限りマネーが実体経済に浸透することはない。先にも述べた通り、現在の日本では金利が圧倒的に低いにも関わらず、借金をしてまで設備投資をしようする経営者は極めて少数派だ。このような状態を「流動性の罠」と呼ぶが、流動性の罠の下では異次元緩和のような金融政策がおよぼす効果はおおよそ限定的となる。

その点、金融機関を介在させないヘリコプターマネーの効果は絶大だ。家計に直接カネをバラ撒くため、供給された資金は「流動性の罠」に関係なく実体経済へと浸透する。たとえば、民主党（民進党の前身）が以前に実施した子ども手当を思い出してほしい。あれは額も小さく、ほとんどの人が消費に回さず貯蓄に充てた。経済学的にも、このようなバラ撒きでは国民が「現在のバラ撒き→将来の増税」を予想するため（将来に備えるため）消費は喚起されない。

しかし、ヘリコプターマネーであれば話はまったく異なる。まず、政府も国民も財源（将来的な増税）を心配せずにすむ。政府が日銀から資金を調達して、期限付きのデビットカードを配れば貯金に回る心配もない。たとえば、国民一人に対して有効期限が一年の三〇〇万円分のデビッドカードが配られたとしよう。借金の返済や生活費に充てる人もいれば、パーッと短期間のうちに使ってしまう輩もいるはずだ。デフレ懸念など吹き飛び、インフレ率が即座に上向くことは想像に難くない。一見すると、まさに万々歳といった展開に映る。

しかし、結論からすると、ヘリコプターマネーは深刻な副作用をもたらす可能性が極めて高い。そもそもヘリコプターマネーに何の副作用もないのであれば無税国家が誕生する。しかし、無税国家など成り立つはずがない。多くの国がヘリコプターマネーを安易に採用しないのも深刻な副作用を恐れてのことだ。

二〇一六年四月二〇日付の米ブルームバーグは「ヘリコプターマネーの誘惑、日本国民に大惨事招くとＪＰモルガン警告」と題した記事を掲載、「日本銀行の黒田東彦総裁による前例のない金融緩和でも景気回復とデフレからの完全脱却を果たせない中、安倍晋三内閣と日銀の経済活性化策が『ヘリコプターマネー』的な色彩を強めていくのではないかとの懸念が市場で浮上している」とした上で、「ＪＰモルガン・チェース銀行の佐々木融市場調査本部長は、日本政府がヘリコプターマネーに踏み切る『環境が完全に整った』とみる」と指摘。ただし、佐々木氏は「ひとたびヘリコプターマネーの領域に踏み入れば、日本経済、とりわけ国民は最終的に『大惨事』に見舞われる恐れが強い」と警告していると伝えている。さらに記事は、「英銀スタンダードチャータードは日本が早ければ（二〇一六）年内にも国債の日銀引き受けに踏み切る可能性があると読む」（以上すべて米ブルームバーグ二〇一六年四月二〇日付）とも報じた。

普通に考えれば、日銀がそんなばかげた政策を実施するはずがない。しかし、複数の市場関係者は本気で導入されると考えている。その根拠は、「ほかに手段がない」からだ。

二〇一六年四月一九日付の米ウォールストリート・ジャーナルは、「黒田日銀総裁、ヘリコプターにバズーカ搭載か」と題した記事で次のようにその可能性を伝えている。

日本銀行の黒田東彦総裁は（二〇一六年四月）一六日、ウォール・ストリート・ジャーナルのインタビューに応じ、自らが『バズーカ』と呼んだ大規模な金融緩和策をさらに強化するために『ヘリコプターマネー』の採用を検討する質問を受けると、破顔一笑して両手を空か

ら紙幣をばらまくようにひらひらと動かしてみせた。同総裁の下で日銀が取り組む大胆な金融緩和は、総裁就任から三年たつが、ひいき目に見てもまちまちな成果しか挙げていない。黒田総裁の答えは『ノー』だったが、この実験主義者の総裁はその可能性を一応検討したことを明らかにし、はっきりと認めないながらもそうした考えを実行するかもしれないことをにじませた。

（米ウォールストリート・ジャーナル二〇一六年四月一九日付）

思い起こすと、マイナス金利も数年前までは「ありえない」とされていたのである。ところが、現在では複数の国が採用するに至った。もはや何でもありのこの世界で、ヘリコプターマネーが絶対に採用されないなどとは言い切れないのだ。ほかに手段がないという点がとても重要で、手段がない以上、ヘリコプターマネーが導入される可能性はいつになく高まっていると考えるべきだ。

前出の佐々木融氏は英ロイター通信（二〇一六年三月二五日付）への寄稿で

も、現在の日本は「ヘリコプターマネーを実現することが容易な状況」だと指摘。現実化される可能性に触れながら、「一般的には政府が日銀からお金を受け取って、国民に対してばらまいてくれたら嬉しいと思う人もいるかもしれない。しかし、政府がお金をばらまき始めると、結果的にはお金の価値が下がることになり、大多数の国民にとっては悲劇的な結果を生むことになる」（英ロイター通信二〇一六年三月二五日付）と断じる。「悲劇的な結果」という点を、佐々木氏は具体的に次のように説明する。

例えば、日本にいる全労働者に対して、給料と同じだけの補助金が配られ、それがしばらく続くと政府が約束したとしよう。そうなると、単純に言えば、お金の価値は半分になってしまうと想像がつくだろう。今まで月三〇万円の給料をもらっていた人が月六〇万円の給料をもらうことになるわけだから、町の商店街の店主は商品価格を倍にするだろう。お金の価値が半分になるということは、物価が倍になるということと同義だ。給料が倍になって、物価が倍になるなら、何も変わらないから別に良いのではないかと思う人もいるかもしれない。ただ、なぜこれが大多数の国民にとって悲劇になるかというと、大多数の国民は預金を持っているからだ。残念ながら、この場合、保有している預金の価値も半分になってしまう。預金金額は変わらないが、物価が倍になってしまうからだ。つまり、ヘリコプターマネーは、国民にお金をばらまいているように見えるが、実際には、押しても引いても出てこない日本国民の大量の預金を巧妙に引き出す政策でもあるとも言えるのだ。

（英ロイター通信二〇一六年三月二五日付）

補足を加えるが、物価が二倍になれば預金の価値が半分になるだけではない。政府債務も半分に目減りする。政府からすると良いこと尽くめというわけだ。

ヘリコプターマネーが導入されれば、瞬く間にデフレがインフレに転化する。一度バラ撒かれたマネーを政府や日銀が回収するのは実質的に不可能であり、バラ撒きが繰り返されればされるほどインフレ率は上昇するだろう。最悪の場合、ハイパーインフレの登場だ。

「実体経済の持続的な回復が少しもないまま、デフレからハイパーインフレになる」――英金融大手ＨＳＢＣは二〇一四年末に公表したレポート内で「二〇一五年の世界経済一〇大リスク」を列挙。その一つに「日本が一段と極端な金融緩和に踏み切り、急激なインフレ加速を招く危険性」を挙げた。もちろん、このシナリオはいまだ実現してない。しかし、現在でもＨＳＢＣやドイツ・バンクなどはヘリコプターマネーを導入する可能性がもっとも高い国として日本を挙げている。

繰り返しになるが、日銀の至上命題はインフレの創出だ。それゆえ、私たちがインフレのリスクを軽視することは賢明ではない。インフレによる財政再建はインフレ・タックス（インフレ税）と言われ、第二次世界大戦後の英国などでも採用されている。インフレ・タックスは国民のコンセンサスを必要としないため、政府からすると実行に移しやすい。

現在、堂々と財政ファイナンスを実行しているベネズエラでは、ハイパーインフレが国内を席巻している。「所詮は新興国のことでしょ」と笑っている場合ではない。おそらく日本政府は、いずれ（そう遠くない将来に）財政ファイナンスを実行する。これは、賭けてもよい。

第二章　日銀の歴史とナゾ

ナゾに満ちた日銀

日本銀行――言わずと知れたわが国の中央銀行である。しかし、その実態についてはよくわからないという人が多いのではないだろうか。無理もない話で、日銀は銀行とはいっても個人のお金を預かることはない。身近な存在とは言い難い。では、日銀とは一体どういう存在なのか？　どのような役割を担っているのだろうか？

あまり知られていないが、実は日銀は株式市場に上場している。東京証券取引所が運営するジャスダック市場に上場しており、一般の上場企業の株式のように証券会社を通じて売買することができる。しかし、日銀は日本銀行法に基づく認可法人であり株式会社ではないから、売買できるのは株式ではなく出資証券（出資の持ち分を表す有価証券）である。そして、株主総会に相当する出資者総会はなく、議決権の行使も認められていない。資産家が日銀株を買い占めて、紙幣の発行や金融政策を自由に行なうことはできないのだ。配当はあるが、出資金額の五％を超えることはできないと定められている。日銀の資本金は一億円だから、配当は五〇〇〇万円までとなる。実際、日銀の平成二六年度決算を見ると「配当金（五〇〇〇万円、払込出資金額の年五％の割合）を支払う」とある。発行株数は一〇〇〇万株だから、配当は一株当たり五円となる。

では、日銀の株価はいくらかというと、二〇一六年三月一七日の終値で四万円ちょうどであった。四万円に対して五円の配当だから、配当利回りは〇・〇一二五％である。円の定期預金の金利並みの超低利回りだ。売買単位は一〇〇株だから、実際には同日の最低投資額は四〇〇〇万円（手数料は除く）となり、投資額四〇〇〇万円に対する配当金がわずか五〇〇〇円ということだ。

現在、約四万円の日銀の株価であるが、昔はもっと高かった。特にバブル真っ只中の一九八八年には、年初に一七万八〇〇〇円だった株価が一時七五万五〇〇〇〇円まで急騰した。しかし、バブル崩壊と共に日銀株も暴落し、年末の終値ベースで一九九一年には三〇万円割れ、一九九二年には二〇万円割れ、一九九八年には一〇万円を割り込んだ。その後も上下変動はあったものの、趨勢としては右肩下がりで推移している。バブル期の高値から見ると、株価は二〇分の一近くになってしまったということだ。

通常の株主に認められている議決権の行使もできず、配当金も異常に少ない。唯一の魅力は、高い信用力と一応「絶対に潰れない」という安心感くらいだろうか。このように非常に魅力の乏しい日銀株に誰が投資しているのかというと、資本金一億円のうち五五%、つまり五五〇〇万円を政府が出資し、残りの四五%（四五〇〇万円）を民間が出資している。日銀が公表している平成二六年度の「業務概況書」によると、民間の出資者のうち個人の割合は四〇・一%で、約四〇〇〇万円という大部分を個人が占めているのだ。

では、どういう人が出資しているのか気になるところだが、残念ながらこれより詳しい情報は開示されていない。ただ、真偽のほどはわからないが、ロスチャイルド家がかなり出資しているという噂もある。この手の話には胡散臭さが付きものだが、実は日銀の創設にはロスチャイルド家が関わっている。

日銀への出資状況

区分	出資金額（1000円未満切り捨て）	構成比
政府	55,088,000円	55.0%
個人	40,099,000円	40.1%
金融機関	2,199,000円	2.2%
公共団体等	171,000円	0.2%
証券会社	23,000円	0.0%
その他法人	2,496,000円	2.5%
民間等計	44,991,000円	45.0%
合計	100,000,000円	100.0%

（日本銀行「平成26年度 業務概況書」を基に作成）

日銀の誕生

日本銀行の歴史は、明治時代に遡る。明治維新後、政府は貨幣制度や銀行制度の近代化に努めていた。しかし、一八七七年に西南戦争が勃発すると、明治政府は戦費を賄うため、大量の政府紙幣を発行した。また、当時、国内各地に設立された国立銀行も独自の紙幣を発行した。これら不換《ふかん》紙幣の大量発行は必然的に激しいインフレを引き起こした。

そのような状況の中、一八八一年に大蔵卿（現在の財務大臣）に就任した松方正義は、インフレを抑制するため緊縮財政を実施した。さらに中央銀行の創設に動き、翌一八八二年日本銀行が設立された。政府や国立銀行が発行した大量の不換紙幣を回収し、紙幣は日本銀行が発行する日本銀行券に統一された。

こうして日銀は、国内唯一の発券銀行になったのである。

松方が日銀設立に動いたのは、一八七七年に渡欧しフランス蔵相レオン・セイに会ったのがきっかけと言われる。フランス滞在中、松方はレオン・セイから次のような助言を受けた。「まず、日本が発券を独占する中央銀行を持つべきこと。その際、フランス銀行とイングランド銀行はその古い伝統ゆえにモデルとならない。したがって、最新のベルギー国立銀行を例として精査すること」

――実はこのレオン・セイが、ロスチャイルド家と関わりが深いのである。

レオン・セイは、パリ・ロスチャイルド家の第二代当主であったアルフォンス・ド・ロスチャイルドに招かれ、ロスチャイルド家が保有する鉄道会社に入り、ロスチャイルド傘下の複数の会社の役員を務めた。彼はロスチャイルド家の使用人のようなものであり、彼の助言というよりも指示により松方が日銀設立に動いた経緯から、日銀はロスチャイルドの支配下にあると見る向きが少なからずある。それゆえ、ロスチャイルドが日銀株の大株主であるという噂があるのだ。

それが事実であるかはともかく、日銀の株主の詳細が公表されていないのには、この辺りの歴史が影響しているのかもしれない。

政府によるコントロール

その後、わが国では一九二〇年代に関東大震災、昭和金融恐慌という国難が相次いだ。そして一九三〇年代に入ると世界恐慌の影響が深刻化し、昭和恐慌と呼ばれる深刻な不況に見舞われた。そのような中、大蔵大臣に就任した高橋是清はそれまでの緊縮財政をやめ、積極財政を推し進めた。金本位制を停止し、国債の日銀引き受けに踏み切った。一九三〇年代は、わが国財政にとって、そして日銀にとっても大きな転機となった。

「高橋財政」と呼ばれるこの政策によりデフレ脱却に成功すると、高橋は今度は緊縮財政へと舵を切る。日銀出身で日銀総裁を務めた経験もある高橋は、財政拡大のリスクを十分認識していた。しかし軍事費削減が軍部の反発を招き、二・二六事件で青年将校らに暗殺されてしまう。

その後、軍部の発言力が増し、日本は破滅的な戦争への道を進むことになる。

太平洋戦争中の一九四二年には日銀法（旧日銀法）が制定された。旧日銀法は一九三九年にナチスによって制定された「ドイツ・ライヒスバンク法」をモデルに作られた。この法律はヒトラーが第二次世界大戦に際し、戦争遂行のため中央銀行を戦時経済体制に組み込むために立法化したものだ。それもあり、戦時中に制定されたこの旧日銀法は、国家統制色の強い内容であった。同法の目的について、第一条と第二条に次のように定められている。

第一条　日本銀行ハ国家経済総力ノ適切ナル発揮ヲ図ル為国家ノ政策ニ即シ通貨ノ調節、金融ノ調整及信用制度ノ保持育成ニ任ズルヲ以テ目的トス

第二条　日本銀行ハ専ラ国家目的ノ達成ヲ使命トシテ運営セラルベシ

旧日銀法においては、内閣が総裁・副総裁の任命権を持ち、大蔵大臣には日銀に対する監督権、業務命令権、日銀の予算を認可する権限、理事・監事・参与の解任権など多くの権限が認められていた。

このように、政府の日銀に対する権限が非常に強い中では日銀の独立性など認められるはずもなく、実質的に日銀は政府・大蔵省の従属機関であった。

この法律の下、政府は軍事費を賄うために大量に発行した国債を日銀に直接買い取らせた。日銀は、政府の財布と化したのである。政府は、ただただ国債を刷るだけでいくらでもお金を調達することができた。日銀は、大量の国債を買い取るため、やはり大量の紙幣発行を強いられた。紙幣と国債を乱発すれば当然、その価値は大きく下落する。戦争が終わると、貨幣価値の暴落と共に猛烈なインフレが襲い、国債は紙キレ同然となった。

GHQによる支配と不十分な日銀改革

驚くべきことに、戦時立法であったこの旧日銀法は、戦後も長らく抜本改正がなされぬまま存在し続けた。日銀法の抜本改正が実現したのは、敗戦から半世紀以上が経過した一九九七年のことである。

敗戦後、日本を占領したＧＨＱの支配は日銀にもおよんだ。それは一九四五年一〇月一日、ＧＨＱが査察のため日銀本店に乗り込んで来てから始まった。当時の日銀本店内の状況やＧＨＱとの関係を伝える貴重なエピソードが『戦後史開封２』という書籍に掲載されているので、その一部をご紹介しよう。元日銀理事で当時は若い日銀調査局員であった故・吉野俊彦が語るエピソードだ。

査察は夜には打ち切られたが、この日からＧＨＱによる「日銀占領」が始まった。一個中隊が最も広く豪華な部屋を占拠し、日銀の日常業務を監視し始めたのだ。駐屯する人数は徐々に減ったものの、昭和二十六年九月のサンフランシスコ講和条約締結後まで実に六年余り続くことになる。

吉野によれば、当初日銀の行員と米兵とは「話しかけても相手が口をきかない」ぎこちない状態だった。ある日、吉野が机に向かっていると、背後から米兵に声をかけられた。戸口に立ち、しきりに右手の手のひらを首のあたりで水平に動かすジェスチャーを繰り返している。

「てっきり『お前はクビだ』といわれているのかと思いドキッとした」

勘違いも無理はない。それほど当時のＧＨＱの権力は絶大だった。しかし、米兵の用事はヒゲをあたりたいから理髪室に案内してくれ、という頼みだった。広い日銀の建物の中で迷ったものらしい。吉野は快く理髪室まで先導した。

こんなささやかな交流がカタコトの会話につながり、徐々に気さくにあいさつを交わす米兵も増えた。が、占領者と被占領者の立場の違いまでは埋められない。

白昼、静寂な行内に女子行員の大きな悲鳴がこだました。吉野をはじめ何人かが現場に急行すると、米兵が大あわてで人垣をかき分けるように走り去った。女子トイレに侵入し、吉野の部下の女性の一人に抱きついたのだ。

当時、こうした暴行未遂事件が立て続けに二件も起きていた。それでなくとも一国の中央銀行に、深夜平然と女性を同伴する米兵が後を絶たず、日銀は苦り切っていた。

吉野は勇を奮い、占領部隊の司令官に風紀の乱れを正すよう迫った。司令官は、吉野たちの見ている前で米兵全員を廊下に並べ事件を追及。犯人は営倉入りの厳罰のうえ、本国に強制送還されたという。

（「戦後史開封」取材班編『戦後史開封２』扶桑社）

ＧＨＱは日銀についても様々な改革を指示した。一九四七年には財政法が制定され、日銀による国債の引き受けが禁じられた。一九四九年の日銀法の一部改正では、日銀の最高意思決定機関である政策委員会が設置され、公定歩合や公開市場操作などの金融政策の決定・変更などの権限が与えられた。

しかし、日銀法の抜本的な改正には至らず、戦後も長らく大蔵省の権限が非常に強く、日銀の独立性が低い状態が続いたのである。中央銀行の独立性が低く、政府の影響が強いと何が問題なのか？　一般に政治家は、とにかく好景気を望む。景気が悪化すると有権者の支持や政治献金が期待しづらいし、野党からも激しい批判を浴びる。景気を悪化させかねない金融引き締めを嫌う政治家は少なくない。このような事情から、政府の影響が強いと日銀の金融政策のバイアスは緩和方向に傾きがちになり、インフレやバブルを誘発しやすくなる。

実際、一九七〇年代には日銀はインフレのリスクを認識していたものの、政府・自民党の圧力を受けて公定歩合の引き上げが遅れた結果、「狂乱物価」と称される激しいインフレを招いた。また、一九八〇年代には大蔵省の求めに応じ、長期にわたる低金利政策を続け、不動産や株式への投機バブルを引き起こしてしまった。

一九九七年に、ようやく日銀法の抜本改正が行なわれた。この新日銀法では、日銀の目的は物価の安定と信用秩序の維持とされ、金融政策における自主性の尊重が明記された。また大蔵大臣に認められていた多くの権限は廃止、制限され、「スリーピング・ボード」と揶揄され実質的な権限を持たなかった政策委員

株式市場にも上場しており、日本政府からは独立した認可法人である
日本銀行（日銀）　　　　　　　　　　（写真提供　東洋経済／アフロ）

会の機能が強化された。この時の抜本改正により、日銀の独立性は飛躍的に高まった。

しかし、その後のデフレの長期化により日銀の金融政策に対する批判が高まり、日銀の政策決定に対する政府の影響を高めるべく「日銀法を改正すべき」という主張が増えていく。日銀は、次第に追い詰められていった。

そして、二〇一二年の衆院選での自民党圧勝により首相となった安倍晋三氏は、日銀の総裁・副総裁の人事で自らの意向に沿う黒田東彦氏を総裁に、岩田規久男氏を副総裁に任命した。黒田日銀は安倍首相の期待に応え、「異次元」と形容されるほどの大規模な金融緩和を実施した。そういう意味では、現在の日銀に本当の意味での独立性はないと言えよう。

膨張する日銀資産

ところで、日銀株はなぜここまで大きく下落したのだろうか。その鍵を握るのが日銀資産の膨張だ。実はここ数年で、日銀資産はすさまじい勢いで増加している。日銀の発表によると、二〇一三年三月末の日銀の資産は約一六四兆円であった。その後、自民党が政権を奪回し、アベノミクスと黒田日銀による異次元緩和が始まると資産は急激に増加し、二〇一四年度末には約三二三兆円になっている。その後も増え続け、二〇一六年四月末の日銀資産は約四一四兆円である。

一般的には、資産が増えることは喜ばしいことだ。あなただって資産が増えれば嬉しいだろう。これほど資産が増えたということは、日銀は投資に成功してよほど儲かったのだろうか？　いや、そうではない。最近の日銀の資産の急増は決して褒められるものではないのだ。資産の増加といっても、日銀の場合は個人や一般企業とは事情がまったく異なる。それは日銀のバランスシート（貸借対照表）にも表れている。一般企業においては銀行にある預金、つまりお金は当然資産であり、バランスシート上も「資産」に分類される。一方、日銀についてはは預金や発行銀行券といったお金は、バランスシート上で「負債」に分類されるのである。

なぜ、日銀にとってはお金が負債なのか？　多くの人は疑問に思うだろう。日銀にとって預金や発行銀行券は、一般企業が発行する社債のようなものと捉えればイメージしやすいかもしれない。表面的には社債に似ているといっても、本質的な部分ではやはり違和感がある。社債であれば、投資家つまり債権者の要請に応じて債務を返済する必要がある。しかし、日本銀行券を日銀に持ち込んでも、債務その他が返済されるわけではないからだ。

実は元々、中央銀行が発行する銀行券は金貨や銀貨などの正貨との交換を保証された兌換《だかん》紙幣であった。人々は銀行券を銀行に持ち込めば、いつでも金貨や銀貨と交換できた。中央銀行は交換の申し出に対応するため、金《きん》や銀を十分に保有しておく必要があったわけだ。いわゆる金本位制あるいは銀本位制である。これらの制度の下では、銀行券は負債であり、金や銀が資産であることに違和感はないだろう。その後、金本位制は終了し、正貨との交換が義務付けられない不換紙幣が使われるようになった現在も、銀行券は負債に分類されてい

日銀資産の推移

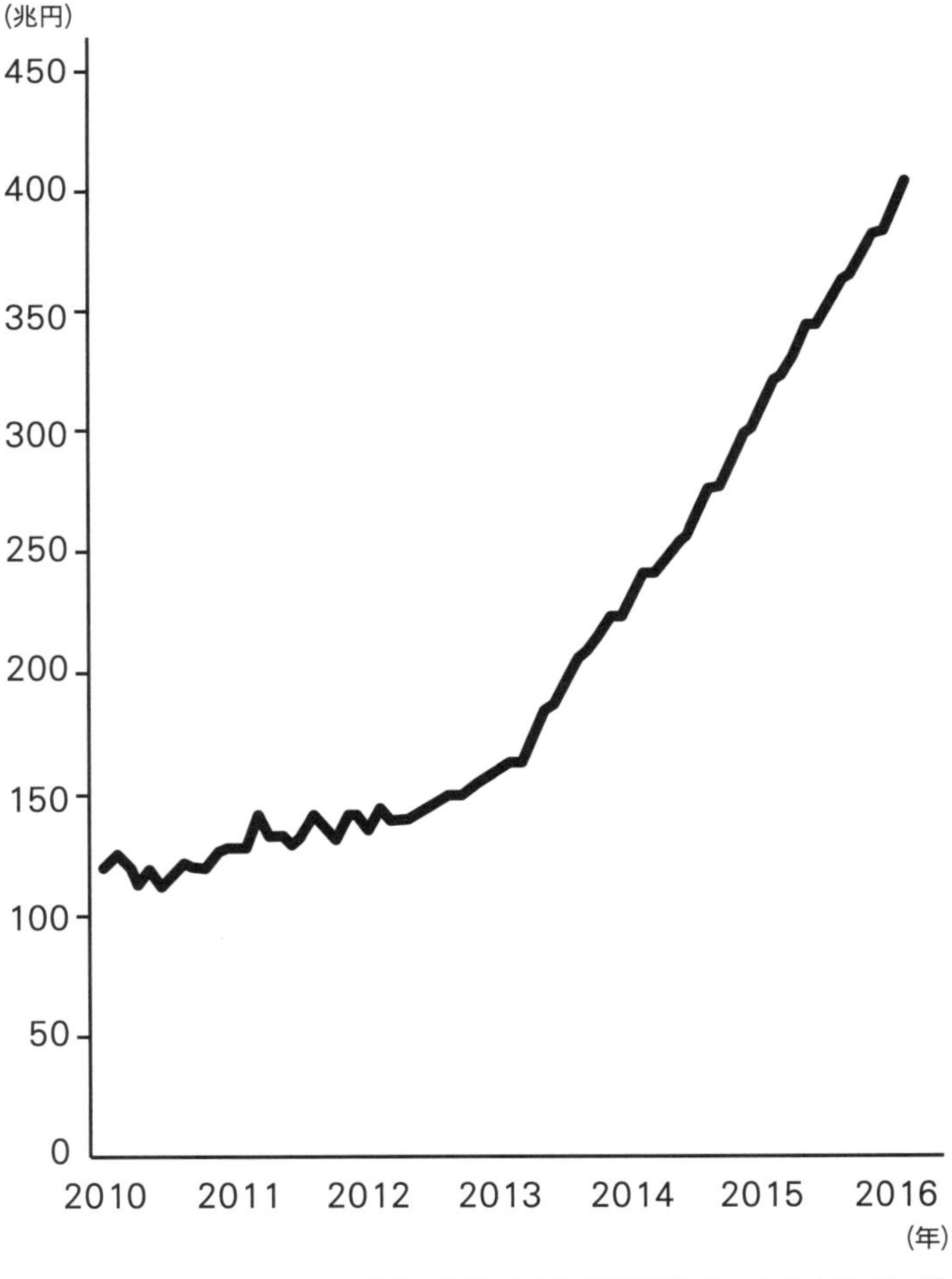

（日本銀行の時系列統計データを基に作成）

るのである。

爆発的に増加する国債という「資産」と当座預金という「負債」

では、実際に日銀のバランスシート（貸借対照表）を見てみよう。七二～七三ページの図は二〇一三年三月末と二〇一六年四月末の日銀のバランスシートである。この二つのバランスシートを見比べると、アベノミクス以前と以後の日銀の財務状況の変化がよくわかる。

「資産」を見ると、国債が突出して増えているのがわかる。二〇一三年三月末には約一二五兆円であった国債は、二〇一六年四月末には約三五九兆円になっている。約三年で三倍に迫る急増ぶりだ。その他、社債や金銭の信託が若干増えているのがわかる。一方、「負債および純資産」を見ると、突出して増えているのが当座預金だ。二〇一三年三月末の五八兆円から二〇一六年四月末の二八四兆円へと、五倍近くも増えている。

実は、このバランスシートの変化こそが黒田日銀による異次元緩和を象徴している。黒田総裁は就任後最初の金融政策決定会合後の記者会見で、物価目標は二年で二％、マネタリーベース（資金供給量）は二年で二倍、長期国債の保有と平均残存期間を二年で二倍以上にするというように、「二」という数字を巧みに使い、一般国民にもわかりやすく日銀の方針を説明した。

日銀の金融政策の一つに公開市場操作（オープン・マーケット・オペレーション）がある。これは日銀が金融機関から国債を買ったり売ったりすることで、市場の資金量を調節するものだ。景気が過熱している時は、日銀は手持ちの国債を金融機関に売り、金融機関から現金を回収する。そうして市場の資金量を減らし、景気の過熱やインフレを抑制する。逆に景気が停滞している時は、日銀は金融機関が保有する国債を買い取り、金融機関に現金を支払う。そうして市場の資金量を増やし、景気の後退や冷え込みを抑える。前者は日銀が国債を売るから「売りオペレーション」（通称「売りオペ」）、後者は日銀が国債を買うから「買いオペレーション」（通称「買いオペ」）という。

日銀のバランスシート（2013年3月末）

（単位：円）

資　産	
金地金	441,253,409,000
現金	323,540,126,000
国債	125,355,626,798,000
コマーシャル・ペーパー等	1,245,715,573,000
社債	2,887,292,458,000
金銭の信託（信託財産株式）	1,409,805,570,000
金銭の信託（信託財産指数連動型上場投資信託）	1,544,000,809,000
金銭の信託（信託財産不動産投資信託）	117,481,388,000
貸付金	25,487,067,000,000
外国為替	4,987,209,797,000
代理店勘定	22,803,167,000
雑勘定	490,506,498,000
合計	164,312,302,598,000

負債および純資産	
発券銀行券	83,378,274,888,000
当座預金	58,128,929,684,000
その他預金	191,123,604,000
政府預金	1,494,128,994,000
売現先勘定	14,505,493,650,000
雑勘定	664,602,618,000
引当金勘定	3,237,012,172,000
資本金	100,000,000
準備金	2,712,636,985,000
合計	164,312,302,598,000

（日本銀行「営業毎旬報告」を基に作成）

日銀のバランスシート（2016年4月末）

（単位：円）

資　産	
金地金	441,253,409,000
現金	196,859,441,000
国債	359,066,413,209,000
コマーシャル・ペーパー等	2,068,300,762,000
社債	3,170,895,587,000
金銭の信託（信託財産株式）	1,332,869,257,000
金銭の信託（信託財産指数連動型上場投資信託）	7,784,300,835,000
金銭の信託（信託財産不動産投資信託）	295,955,894,000
貸付金	32,889,736,000,000
外国為替	6,494,353,894,000
代理店勘定	13,969,551,000
雑勘定	661,465,952,000
合計	414,416,676,795,000

負債および純資産	
発券銀行券	97,104,165,318,000
当座預金	284,405,058,340,000
その他預金	7,608,269,237,000
政府預金	17,346,712,994,000
売現先勘定	28,329,827,000
雑勘定	557,262,322,000
引当金勘定	4,227,931,345,000
資本金	100,000,000
準備金	3,138,544,407,000
合計	414,416,373,795,000

（日本銀行「営業毎旬報告」を基に作成）

わが国の景気は長らく過熱やインフレとは程遠い状況であるから、黒田日銀は基本的には買いオペを行なっている。当初、マネタリーベースを年間で六〇兆～七〇兆円増加させる方針を示し、その後、増加ペースを年間八〇兆円に拡大した。この増加ペースを実現するために、日銀は買いオペを強力に推し進めたのである。

買いオペの際に日銀が金融機関から国債を買い取った代金は、各金融機関が日銀内に持っている当座預金口座に入金される。その結果、日銀にとって「資産」となる国債と、「負債」となる当座預金が爆発的に増加したのである。日銀資産が膨張しているのは、国債買いオペという金融政策によるところが大きいのである。そういう意味では、日銀が資産を増やすことは簡単なことで、投資で儲かったから資産が増えたわけではないのである。

バランスシート上で一つ気になるのが、金地金の額だ。二〇一三年三月末も二〇一六年四月末もまったく同じ額であることに気付く。日銀のホームページ上で確認できる過去のバランスシートを見ても、やはり同じ額だ。約四四一二億円である。つまり、時価評価で計上していないわけだ。では、日銀が保有する金地金は時価でいくらくらいなのか？　日銀の金保有量は七六五・二トンで長らく変わっていない。金価格を一グラム＝四八〇〇円として計算すると、時価額は約三兆六七二九億円となる。かなりの金額ではあるが、実は国際的にはわが国の金保有量は決して多くはない。金調査会社「ワールド・ゴールド・カウンシル」のホームページによると、二〇一六年四月時点の各国の金保有量はアメリカがもっとも多く八一三三・五トン、次いでドイツが三三八一・〇トンとなっている。七六五・二トンのわが国は世界第九位である。

外貨準備に占める割合で見てもアメリカとドイツは七〇％前後もあるのに、日本はわずか二・四％にとどまる。

この金《きん》の保管場所について日銀は公表していないが、多くはアメリカのニューヨーク連銀に保管されていると言われる。地下の岩盤の堅いところにあり、強盗の侵入など緊急時にはハドソン川の水が流入するようになっていると いう。犯人が溺死した後、水を抜くという仕掛けだ。東西冷戦時代には自国に保管しておくよりは安全ということで、いわば貸金庫代わりにニューヨーク連銀に預けておく国も多かったが、最近ではむしろ自国の方が安全、安心ということで、ドイツやフランスなどが国内に金《きん》を戻している。

このような状況で、たとえば戦争や経済的大変動などの有事が発生した場合、日本はアメリカに保管されている金を回収できるのだろうか？　日本の保有金はアメリカの人質とされ、日本の政策はアメリカの都合の良いように動かされることはないのか？　日銀資産が大幅に増加しているのに、なぜ金の保有量を増やさないのか？　そもそも、日本の金は本当にアメリカにあるのだろうか？　謎は深まるばかりだ。

リスクにさらされる日銀資産

話を元に戻そう。なぜ、最近の日銀の資産の急増が褒められるものではないのか？　懸念されるのは日銀資産の劣化だ。日銀が保有する国債や株式、ＥＴ

F、REITなどには価格変動リスクがある。保有する資産の価格が大幅に下落すれば日銀の財務状況は悪化し、当然、日銀の信用力は低下する。すでに述べたように、黒田総裁就任後の日銀による異次元緩和により、日銀の国債（日本国債）保有が異常に増えている。日本国債の信用が高いレベルで保たれていれば問題ないが、信用力が低下し国債価格が大きく下落するような事態になれば日銀資産の劣化は避けられない。

一般的には先進国の国債は非常に信用力が高く、価格が大きく下落する可能性は極めて低い。日本国債も、今のところは信用を維持している。いや、それどころか日本国債の信用は、表面的にはずば抜けて高いと言えなくもない。

二〇一六年に日銀がマイナス金利の導入を発表後、すでに歴史的な低水準であったわが国の長期金利もさらに低下し、ついにマイナス圏に突入した。長期金利がこれほどまでに低いということは、逆に国債価格は非常に高いということだ。価格が非常に高いわけだから、その点では日本国債の信用は極めて高いと言える。

しかし、それは表面的なことである。実際、格付け会社による信用格付けを見ると、日本国債は先進国の中では決して高くない。米S&P社の格付けでは、ドイツをはじめとする北部欧州、ノルウェーやスウェーデンなどの北欧諸国、カナダ、シンガポールなどが「トリプルA」の最上格にランクされているのに対し、日本は「シングルAプラス」である。これは「トリプルA」より四ランク下の格付けだ。

高い信用力を示す日本国債の価格と、先進国としては低い日本国債の格付け。正反対とも言えるこの二つの事実をどう考えれば良いのだろうか？　わが国は「国の借金」だけですでに一〇〇〇兆円を超えており、財政状況は破滅的で財政再建は常識的に考えて不可能だ。しかし、一方で家計や企業には十分な資産があるため国全体では経常黒字を維持しており、すぐに破綻する状況ではない。

そういう意味では、現時点で日本国債が高値を維持していることは不思議ではない。相場の方向性が債券高（金利低下）である以上、日本国債を買う方が儲かる可能性は高いし、実際これまで日本国債を売ってきた投資家はことごと

最近、神通力を失い始めた黒田発言。“日銀を破綻させた総裁”として歴史に名を残すことにならなければよいが……。
（写真提供　ロイター／アフロ）

く損失を被っているのは言うまでもない。

この相場の方向性に拍車をかけたのが、黒田日銀による異次元緩和である。年間八〇兆円というすさまじいペースで日本国債を買い続けているのだから、尋常ではない。借金まみれの日本国政府の新規国債発行額が毎年四〇兆円程度だから、その異常さがわかるだろう。この状況下では、国債価格が下落するはずがない。

しかし先進国としては劣る日本国債の格付けは、日本国債の歴史的高値をよそに水面下でじりじりと進むわが国の信用力の低下を、少しずつ織り込んでいるようにも見える。

日銀資産の劣化がもたらすインフレ

日銀資産の劣化は、日銀の信用力低下に直結する。日銀の信用によって保たれている日本銀行券という「紙キレ」の価値も大きく毀損するわけだ。通貨価値が下がることで物価が高騰し、為替は円安になる。物価が一〇倍、為替相場が一ドル＝一〇〇〇円などという、普通では考えられないような極端なインフレや円安がもたらされる可能性は決して否定できない。

歴史上、破滅的なハイパーインフレは何度も起きている。特に有名な第一次世界大戦後のドイツでは、物価は一兆倍に高騰した。つい数年前には、アフリカのジンバブエでドイツをはるかに上回るハイパーインフレが発生した。二四・七時間で、物価が二倍になるペースのインフレに襲われた。二〇〇九年にはジンバブエドルの流通停止に追い込まれ、米ドルや南アフリカランドなどの外貨による国内決済へと移行した。

ドイツやジンバブエほどではないが、わが国でも一九三〇年代半ばから戦後にかけ物価が数百倍に高騰するハイパーインフレに見舞われている。当時のわが国のハイパーインフレの大きな要因と言われているのが、日銀による国債の直接引き受けだ。戦争中の戦時国債や戦後の復興処理費用を賄うため、政府は国債を大量に発行した。政府はその国債を日銀に直接引き受けさせ、日銀から資金を調達したのである。

政府は〝国債〟という紙キレを、日銀は〝日銀券〟という紙キレを、それぞれ大量に印刷すれば良いわけで、あたかも打ち出の小槌のようにいくらでも資金を調達できる。しかし、それは所詮紙キレ同士のやり取りに過ぎない。実質的な価値をともなわなければ、単に種類の違う紙キレを交換しているだけだ。日銀が印刷した大量の紙幣が市中に出回った結果、お金の価値は急落し、敗戦によるモノ不足もあり、わが国は激しいインフレに見舞われたのである。

中央銀行による国債の直接引き受けは、打ち出の小槌でも何でもないのだ。

異次元緩和と国債の直接引き受けは何が違うのか？

この時の反省から、現在は国債の直接引き受けは財政法により禁止されている。「今、日銀が行なっている異次元緩和、つまり国債買いオペは、国債の直接引き受けと同じことではないの？」と疑問に思われるかもしれない。政府が発行する国債を日銀が買い入れ政府に資金が渡る、という点は共通しているが、根本的には両者はまったく異なるものだ。

国債の直接引き受けは、政府が発行する国債を日銀が文字通り直接買い取り、政府に現金を支払う。一方、買いオペは金融機関が保有する国債を日銀が買い取り、金融機関に現金を支払う。そして、金融機関は政府が発行する国債を買い取り、政府に現金を支払う。政府が発行する国債を、日銀が金融市場を通さずに直接買い取るか、金融市場を通していわば間接的に買い取るか、の違いだ。大した違いはないのではないかと思われるかもしれないが、この差は実は大きい。政府、日銀それぞれの主体性や自由度がまったく変わって来るのだ。

国債「買いオペ」であれば、景気の過熱やインフレの高進など必要が生じた際には「売りオペ」という手段で国債を金融機関に売却することができる。つまり、通貨供給量は日銀により管理される。しかし国債の直接引き受けの場合は、政府が日銀に引き受けさせる国債の額に応じて通貨供給量が決まる。つまり、通貨供給量は実質的に政府が管理するわけだ。日銀が国債の大量購入によって大量の紙幣を発行した結果、インフレが過度に進んだ場合インフレを止めることが難しくなるのである。また政府側も日銀が国債を引き受けるなら、バンバン国債を発行することでいくらでも資金調達できる。当然、財政規律は緩み、借金し放題になりがちなのである。

黒田氏が日銀総裁に就任して以来、すさまじい規模の買いオペを実施しているものの、民間への融資は思うように伸びず、日銀が金融機関から買い取った国債の代金は日銀に設けられた当座預金口座に積み上がるばかりだ。要は、民間に十分な資金需要がないということだ。そこで、日銀は「何が何でもお金を市中に吐き出させよう」と、この当座預金の一部にマイナス金利を導入した。金利がマイナスになれば、当座預金に置いておいても損するだけだから、金融機関は民間への融資に回すだろうという狙いだ。

しかし、日銀の狙い通りにコトは運びそうにない。日銀のマイナス金利の導入により広く金利全般に低下圧力がかかったが、さすがに多くの国民が利用する銀行預金の金利をマイナスにはできず、銀行は融資による利ザヤをますます

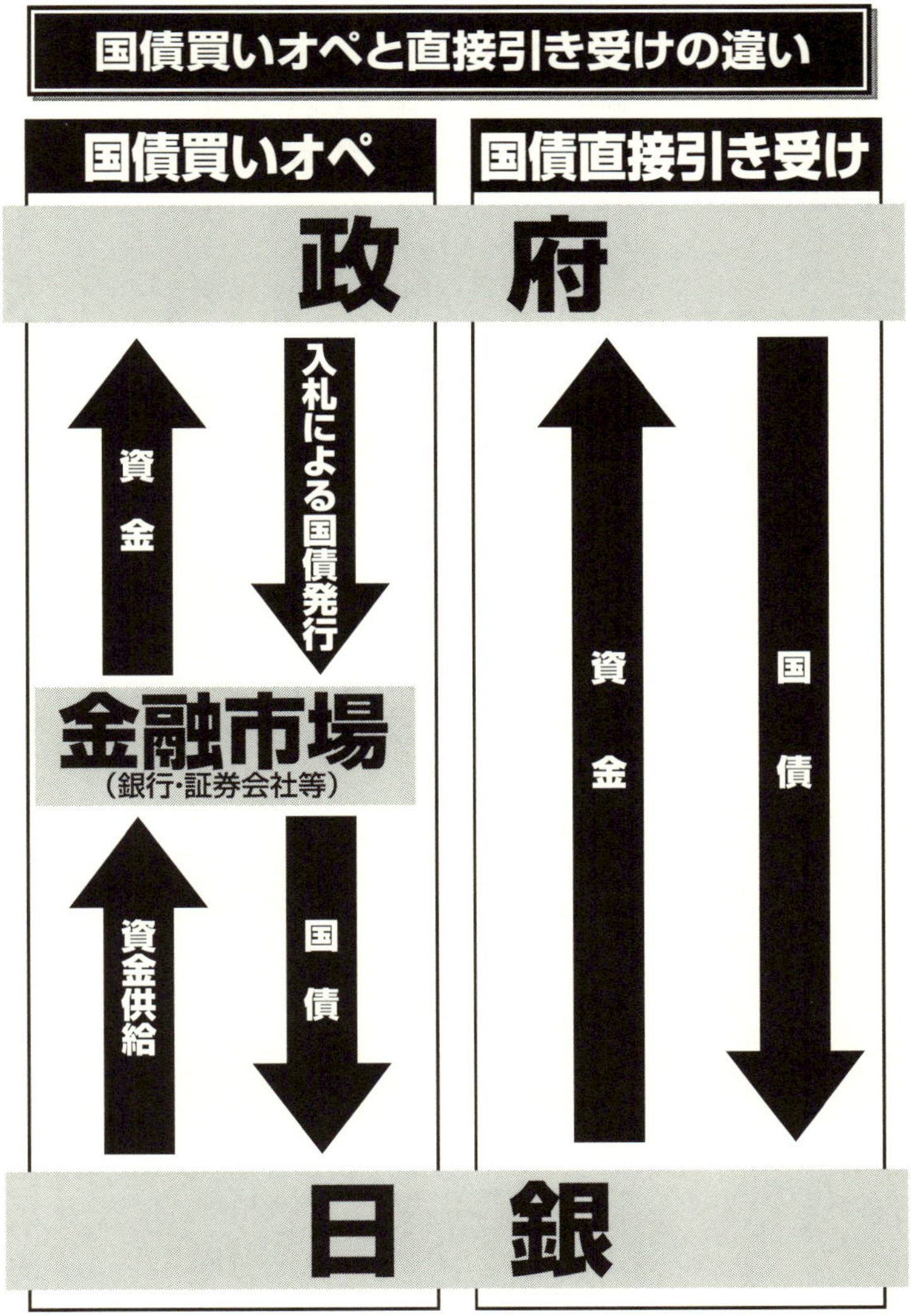
国債買いオペと直接引き受けの違い
国債買いオペ
国債直接引き受け
政府
資金
入札による国債発行
資金
国債
金融市場
（銀行・証券会社等）
資金供給
国債
日銀

稼ぎにくくなった。企業や個人の資金需要が乏しい上に、銀行も融資に消極的となれば、融資が伸びるはずがない。「マイナス金利」という負のイメージも手伝い、企業や個人の心理は悪化し、市場は「円高・株安」のリスクオフで反応する始末であった。結局、金融機関は超高値にも関わらず国債をせっせと買い、それをさらなる高値で日銀に売却する「日銀トレード」に動いただけだった。

このような状況からも買いオペによる景気刺激効果の限界が見てとれるが、それでも過去の教訓と反省からわが国の財政法は国債の直接引き受けを禁じているのである。

国債直接引き受けではない異次元緩和なら問題ないのか？

黒田日銀による異次元緩和はあくまで買いオペであり、国債の直接引き受けではない。もちろん合法だ。では、それなら問題ないのかといえば、まったくそうではない。前述のように、両者は似ているようで根本的に異なるとはいえ、日銀が国債を買い取る点では同じことである。

確かに買いオペなどの公開市場操作は、その有効性から重要な金融政策と位置づけられる。しかし「異次元」という名の下に行なわれる極端に大規模な買いオペは、巨額の債務を抱えるわが国の国債やその国債を大量に保有する日銀に対する信用を、長期的には大きく傷付けかねない。

結局は、戦時中の日銀による国債直接引き受けがもたらした結果と同じ末路が待ち受ける可能性が高い。その末路とはもちろん、通貨の暴落すなわちハイパーインフレと国債の暴落だ。

いずれにせよ、この異次元緩和にはもはや出口はない。日銀が保有する大量の国債の売却はもちろん、買い取りをやめるだけでも国債暴落の引き金を引きかねない。まるで、大戦末期の片道燃料を積んだ神風特攻隊である。

私自身はいわゆる陰謀論の類にそれほど興味はないが、現在のアベノミクスと日銀の政策を見ると、何か私たちの見えないところでわが国を操る巨大な存在があるのかもしれないと勘繰りたくなる。本当に自国のことを思うなら、これほどまでに刹那的かつ破滅的な政策を行なうだろうか？

果たしてわが国を操る黒幕はいるのか？　あるいは単に安倍首相が経済の本質を知らない能天気なのか。そのどちらにせよ、このままこのような政策を続ければ、いずれは破局が訪れる。

第三章　中央銀行とは何か

中央銀行を取り巻く現状

世界経済は、複雑怪奇な生き物だ。

各国の企業業績や個人消費、財政支出などの直接的な経済活動だけにとどまらず、資源や食糧の需給バランス、天候、疫病や天災、事故や事件、外交、戦争、果てには人間の心理といった不確定に思われる要素までもが高度に絡み合い、私たち人類に常に違う顔を見せ続けている。多くの天才たちがその姿をあぶりだそうと挑んできたが、いまだにその全容を記述する方程式も、明確な法則すらも見いだせていない。ニュートンやアインシュタインといった偉人たちが、一見複雑怪奇とも思える自然界の法則を実に簡潔でエレガントな数式で表現したことと比較すると、実に対照的といえる。

近い将来、世界経済の普遍的な法則性が導き出され、美しい方程式で記述される日が来るのかもしれない。しかし、少なくとも今のところは様々な要因を斟酌《しんしゃく》する他に世界経済のゆくえを占うすべはない。

世界経済に影響をおよぼすテーマは、時代と共に移り変わってきた。かつては戦争が、そして次には石油が、最近ではＩＴやバイオなど新産業分野が主役級のテーマであったが、現在もっとも影響力を持つのはなんといっても〝中央銀行〟だ。リーマン・ショック以降、先進諸国の中央銀行は歴史上類を見ないレベルの金融緩和に踏み切り、金融危機という「魔物」の退治に躍起になってきた。こうした過程で、金融政策をつかさどる最高機関の一挙手一投足が目先のマーケットを、そして世界経済を決定づける最大要因になったのだ。

中央銀行の影響力

中央銀行が持つパワーは圧倒的だ。なにしろ、「一〇〇年に一度」とまで恐れられた金融危機の「魔物」をも押さえ付けようというのである。

日銀の黒田総裁は、二〇一三年に開始した異次元緩和を「バズーカ」と表現した。しかし、私に言わせれば中央銀行の力はそんな「バズーカ」程度のものではない。マーケットを戦場に見立てるなら、個人投資家の戦力は自動小銃やせいぜい対戦車砲ぐらいだろう。年金、保険などの機関投資家はさながら空母や戦略爆撃機、ヘッジファンド勢が最新鋭ステルス戦闘機といったところだろうか。この並びで考えるならば、中央銀行の戦闘力は弾道ミサイルという表現がもっとも相応しい。射程距離も長短様々で、弾頭に核を積めば一国の首都を一瞬で荒野にできる強大な力……中央銀行はそれほどまでの破滅的威力を行使しうる。特に、日米欧など先進国の中央銀行のそれは、莫大な経済力が裏付けになっている。首都どころか、一国を丸ごと焦土にするほどの力を有しているのだ。

こうした巨大な力を持つ存在であるゆえに、かつての中央銀行は世界経済の表舞台には出ず、最小限の出力で経済の軌道を陰から修正してきた。しかし、金融危機を境に彼らは檜舞台に立ち、そして危機から八年が経った今でもその舞台に立ち続けている。元々は自他共に認める裏方稼業であったはずで、実際のところ登壇時には期限付きでの出演を公言していたが、しかし意にはからず各国で再延長のロングラン公演を続け、今となってはすっかり引き際を見失っている感すらある。

さて、世界経済の舞台で主役を張り続ける中央銀行とは、一体何者なのか。観劇において登場人物を知らなければ筋を理解できないように、経済を知ろうとする者であれば、たとえ一個人投資家であれ、企業経営者、また一国の元首であったとしても、今や中央銀行について最低限のことを知らなければならない。彼らがどのような存在であり、いかなる力を持ちうるのか、そしてその力の限界や一線を越えた後に何が起きうるのか。

本章では、「中央銀行とは何か」について、その概要を見ていきたい。中央銀行についてすでにご周知の読者も多いかもしれないが、復習を兼ねてお付き合いいただきたい。

中央銀行とは何者なのか

■教科書的定義

教科書的な定義でいうと、中央銀行とは普通の銀行とはまったく違う業務を行なう金融機関だ。公共の利益に資する仕事を行なうため、いわゆる公共機関的な立ち位置であるが、多くの国では行政機関からも独立した、特殊な位置づけの機関となっている。まず、ウィキペディアの定義を参考にしよう。

国家や国家連合・国家的地域・事実上独立している地域などの金融機構の中核となる機関である。通貨価値の安定化などの金融政策も司るために『通貨の番人』とも呼ばれる。

（ウィキペディア）

もう一つ、デジタル大辞泉の定義も掲載しておこう。

一国における金融組織の中核をなす銀行。特別法に基づき設立される。法定通貨の独占発券権を持ち、通貨量の調整をする銀行、銀行の銀行、国庫の支出・収納・保管や公債発行など政府の銀行としての業務を行い、これらの機能を通じて金融政策の運営にあたる。外国為替の管理・決済の集中機関としての役割ももち、国家間の金融協定では当事者とされる。日本では日本銀行。セントラルバンク。

［補説］各国の主な中央銀行として、米国の連邦準備制度理事会（ＦＲＢ）・欧州中央銀行（ＥＣＢ）・イングランド銀行（ＢＯＥ）・カナダ銀行・ロシア中央銀行・ブラジル中央銀行・中国人民銀行・インド準備銀行（ＲＢＩ）などがある。

（デジタル大辞泉）

■中央銀行の持つ機能

こうした定義に基づき、大半の中央銀行には三つの機能がある。

●「発券銀行」としての機能

まず第一に、〝発券銀行としての機能〟だ。「発券」というと少々わかりづらいが、簡単に言えば紙幣を発行する、もっと簡単に言えば「お札を刷る」という機能だ（ただし、正確には銀行内ではお札を作っていない）。日本では、日本銀行法に基づいて日本銀行のみが紙幣を発行することが許されている。私たちは紙幣も硬貨も同じ「おカネ」として使っているが、厳密には違いがある。硬貨は国（正確には独立行政法人造幣局）が発行しているのに対し、紙幣は日本銀行が発行している。そのため、硬貨には「日本国」と書いてあるが、紙幣には「日本銀行券」と書いてあるのだ。紙のおカネは、国ではなくあくまで「日本銀行」という国とは別の機関が発行する、いわゆる「手形」のようなものなのだ。

世界中の大半の国では、日本と同様に発券を行なう銀行は中央銀行の一行のみとなっているが、ブルネイ、ブータンなどでは中央銀行ではなく政府が紙幣を発行している。また、アメリカ合衆国は連邦準備制度が発券管理を行ない、実際に通貨を発行するのは一二の連邦準備銀行となっている。デザインは同一だが、紙幣に記されたアルファベットで判別ができる。また一九九七年に英国から中国に返還された香港は、一国二制度によって独自通貨「香港ドル」が流通しているが、香港ドルの発券銀行は三行あり、それぞれまったく異なるデザインが描かれている。それぞれ国の歴史背景が、紙幣発行の仕組みの違いにも表れているのだ。

発券銀行としての役割は、紙幣の発行だけでは終わらない。一度発行した銀行券が金融機関を通じて中央銀行に戻って来ると、偽造や変造がないかを厳重に鑑定し、また損傷や汚染などもチェックする。再流通に適さないもの、偽造や変造されたものを廃棄処分し、紙幣の健全な流通を担保する責任も負っている。紙幣の健全な流通を守るため、偽造を防止するための様々な技術を駆使することもその役割だ。現在では多くの国が様々な加工技術を駆使している。特殊なインクや透かし、ホログラム、超微細印刷や微妙な凹凸が出る特殊な加工など、紙幣にはその時代の最先端印刷技術が集結しているのだ。

変わったところでは、紙ではなくポリマー（プラスチック）を使った紙幣も存在する。シンガポール、香港、ニュージーランド、カナダなどが採用している。ポリマーならではの特徴を生かしているのが、シンガポールドルだ。紙幣の一部が透明になっており、向こう側が見える加工を施しているのだ。シンガポールの場合、偽造防止のみならず高温多湿な土地柄のため、紙の紙幣では傷みが早いというのもポリマー素材を使う理由とのことだ。

●「銀行の銀行」としての機能

第二の機能は、〝「銀行の銀行」としての機能〟だ。中央銀行は、普通の銀行を相手に資金を貸し出し預かる業務を行なう。各銀行は中央銀行に当座預金口座（利子が付かない口座）を持ち、その口座を介して民間銀行から預け入れを受けたり、資金を貸し出したりする。またこの口座を通じて、銀行間の決済を仲介する機能も提供する。この、決済機能の利用が必要となる証券会社や短資会社（主に一年未満の短期的な資金の貸し借りを行なう会社。日本国内では三社）も中央銀行に当座預金口座を持つ。こうした決済機能は金融機関に固有に認められるもののため、一般の個人や企業が中央銀行に口座を設けることはできない。ちなみに、二〇一六年三月末現在で日銀に当座預金を持つ金融機関は五三四社だ。

銀行が行なう業務は、大まかには「預金」「融資」「為替」の三つである。「預金業務」はそのものずばり、個人や企業からお金を預かり、利息を付けて支払うというものだ。「融資業務」は企業や個人にお金を貸し出し、利息収入を得る業務、「為替業務」は顧客の依頼に応じて依頼先の口座に送金したり、手形・小切手の代金を受け取ったりすることで、現金を移動させずに代金支払いなどの決済を行なう。預金や融資は、貸し手と借り手が一対一であるため、基本的に銀行内で帳簿管理をすれば業務は完結できる。しかし、為替業務は銀行間で現金をともなわない決裁手続きが必要となる。しかも、取引対象が一対一ではなく、他の全銀行とのやり取りが必要となる。全銀行と個別に決済の仕組みを作るのでは、あまりにも非効率である。そこで出て来るのが中央銀行の決済機能だ。

ある会社Ａが別の会社Ｂから商品を振込で買った時の決済を例にする。会社ＡがＸ銀行を、会社ＢがＹ銀行を取引銀行にしているとすれば、一〇一ページの図のような流れで決済が完了する。振込の決済は実質X銀行とY銀行の間で行なわれるが、実際にはX、Y銀行間で現金をやり取りするのではなく、日銀にあるX銀行の当座預金口座からY銀行の当座預金口座に帳簿上の金額を動かすだけで完了するのだ。もちろん、実際の手続きには間違いが起きないような手順があり、また万が一、間違えた際にもそれを正しく訂正できる仕組みがあるが、大まかな流れとしてはこのようなものだ。

日々発生する大量の商取引にともなう決済が、正確かつ迅速に行なわれることで、はじめて経済は高度に成長できる。それを支える中央銀行の決済機能は、経済の血液といえるお金を潤滑に流すための極めて重要な機能なのだ。

また「銀行の銀行」という機能には、「最後の貸し手」としての役割も含まれる。銀行に対して他に貸し手がいなくなった時、中央銀行が「最後の貸し手」となって融資を行なうというものだ。特に、破綻寸前の金融機関に対して行なわれるもので、日本銀行が行なうものは「日銀特融」と呼ばれる。

戦後の日本では一九六五年の証券不況時に山一證券に対して初めて行なわれ

振込決済の大まかな流れ

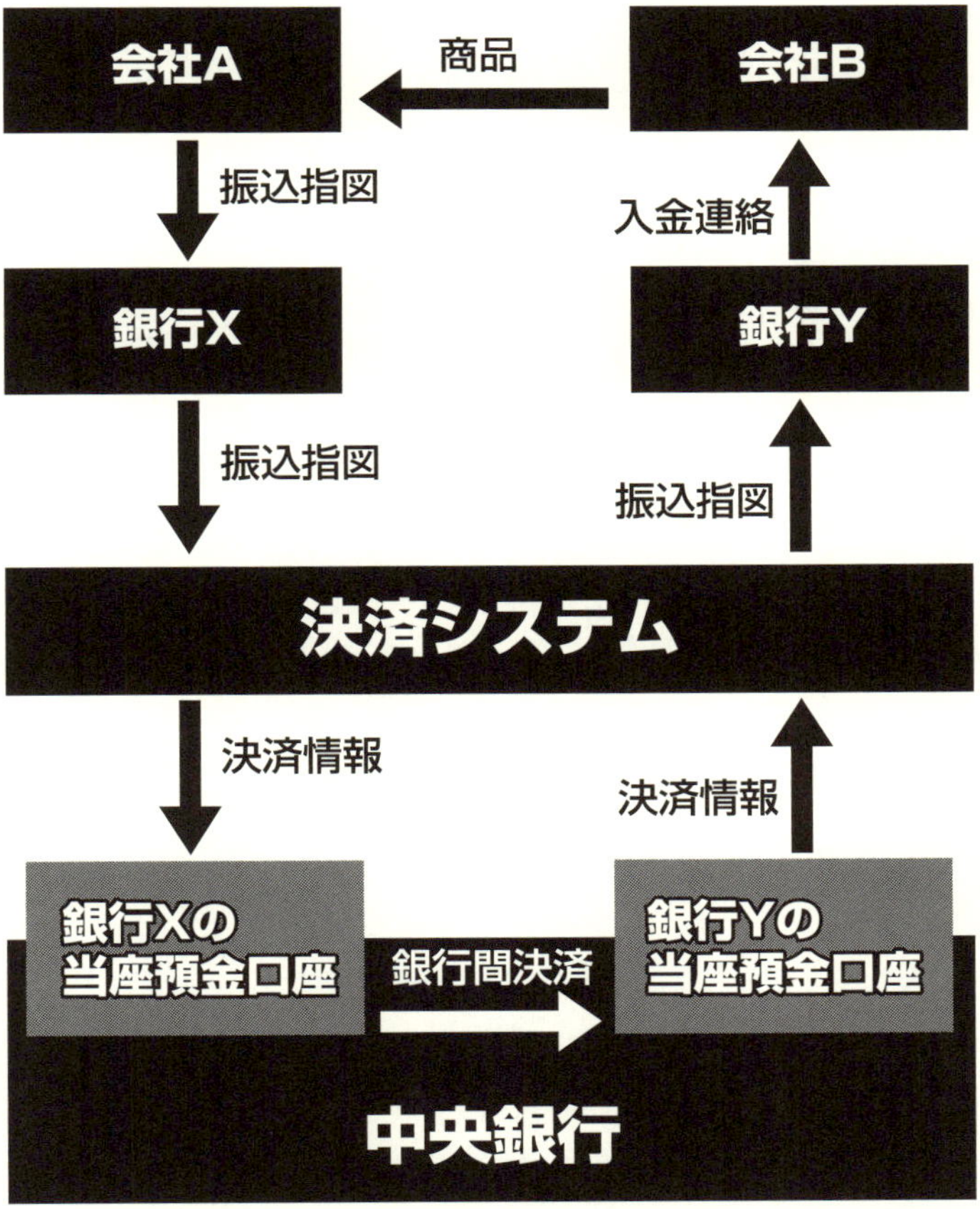

会社A～B間、銀行X～Y間では直接お金のやりとりせず、
中央銀行内の当座預金口座間でお金を移動させる

ており、バブル崩壊時には山一證券、北海道拓殖銀行、兵庫銀行などにも融資が行なわれている。金融機関の破綻に対して中央銀行が最後の防波堤役を果たすことで、金融不安が連鎖し金融パニックが起きることを回避するための重要な機能だ。類似の仕組みとして預金保険制度があるが、こちらは金融機関が預金者への支払いができなくなった時の、預金者への一定額（日本の場合一〇〇〇万円）の払い戻しを保証する（ペイオフ）制度だ。

●「政府の銀行」としての機能

中央銀行の第三の機能は、〝「政府の銀行」としての機能〟だ。具体的には、国庫金に関する各種事務、国債に関する事務、外国為替市場における為替介入事務などの事務を行なう機能だ。

国庫金に関する事務とは、主に税金や社会保険料の受け入れ（歳入）、年金や公共事業費の支払い（歳出）のことだ。日本では、税務署や社会保険事務所、自治体に納付された税金や社会保険料は、最終的に政府ではなく日銀に集められる。年金や公共事業の支払いも、個人や企業への受け渡しは年金事務所や自

中央銀行の３つの機能

1 発券銀行

2 銀行の銀行（最後の貸し手）

3 政府の銀行

治体などが行なうが、払い出し元は日銀である。いわば、政府の「金庫」としての機能を果たしているのだ。

国債に関する事務とは、国債発行にともなう入札の通知、応募受付、払込金の受け入れや利払い・償還、国債証券の利札・券面の回収などを行なう業務だ。こう書いてしまうと「中央銀行が国債を発行している」という誤解をしがちだが、国債の発行権を持つのはあくまで財務省（政府）であり、中央銀行は委託を受けて事務仕事をやっているに過ぎない。また、発行した国債を中央銀行が直接買い付けることは、原則どの国でも禁止されている。日本では、財政法第五条によってこれが禁止されており、新発債は必ず市中銀行が買い付けることになっている。

外国為替市場における為替介入事務とは、通貨当局が為替相場の安定化を図るため、外国為替市場で通貨の売買を行ない、為替相場に影響を与えるものだ。日本では、為替介入の権限は財務大臣が持っており、大臣が実施の決断、タイミング、金額などまで決定する。日本銀行は、これに従って事務的に為替介入を行なう。たまに新聞などで「政府・日銀が為替介入」という表現を目にするため、為替介入は日銀が自由に行なえると誤解している方もいるようだが、財務大臣（政府）が意思決定し日銀が実務処理する、という形で明確に役割が別れているのだ。

■中央銀行の役割

次に、中央銀行が社会に対して果たす役割について見ていこう。その役割は、金融システムの健全性を維持し、物価や通貨価値の安定、景気の調整を行なって安定的な経済成長を金融面で支えるというものだ。

それを実現するために、中央銀行は①金融政策の実行、②銀行の監督、③決済システムの維持を実施する。これに金融システムの最後の砦というべき④最後の貸し手としての役割を明示することもある。

金融システムの守護者として、②銀行の監督、③決済システムの維持、④最後の貸し手の役割は極めて基本的で、公共性の高い役割だ。日本の場合、②銀行の監督は金融庁が金融機関に対して行なう検査とは別に、日銀が金融機関の業務、財産状況を調査し助言を行なう「考査」を実施する。金融庁の検査は行政権限のため、従わない場合は罰則が課せられるが、考査は日銀と金融機関間の契約に基づき、法的な拘束力はない。しかし、日銀は「最後の貸し手」としての役割に備えて、各金融機関の運営の適正性を評価、助言する必要がある。考査を受けなかったり、助言に従わなければ、最悪の場合、当座預金口座の解約なども行なう（事実上金融機関としての営業はできないに等しい）ため、金融機関としては金融庁同様に極めて「こわい存在」だ。

また、③決済システムの維持については、お金の支払いを円滑に行なう「資金決済システム」、証券の受け渡しを行なう「証券決済システム」の維持や機能強化が該当する。日本の場合、日銀の当座預金を使った決済において現在ではコンピュータ、ネットワークをフル活用しているため、そうしたＩＴをメンテナンスする。

こうした役割の中で特に昨今注目されているのが、①の金融政策の実行だ。

中央銀行の役割

①金融政策の実行
（金利政策/公開市場操作/
預金準備率操作）

②銀行の監督

③決済システムの維持

④最後の貸し手

いわゆる「弾道ミサイル」に相当する役割だ。具体的に、金融政策には三つの実行手段がある。「金利政策」（公定歩合政策）「公開市場操作」「預金準備率操作」だ。

まず、「金利政策」だが、これは中央銀行が金融機関に貸し出しをする際の公定歩合（基準貸付金利ともいう）を動かすことで、市中の金利を誘導するというやり方だ。日本では一九九四年以前の規制金利時代、市中銀行の預金金利などの各種金利はこの公定歩合に連動していた。日銀が公定歩合を動かせば市中の金利が一斉に連動したため、強力な金利政策となったのだ。

しかし一九九四年に金利自由化が完了すると、公定歩合は市場の金利と連動しなくなった。金利が自由に決められるため、市場原理によってその時々に合った金利で取引されるようになったためだ。さらに二〇〇六年、日銀は「公定歩合」という名称を「基準割引率および基準貸付利率」という名称に変更した。こうして、公定歩合は日本から姿を消し、今は辛うじて「補完貸付制度」（金融機関が日銀に差し入れている担保の範囲内で借り入れができる制度）の適用金利（基準貸付利率）として機能している程度だ。ちなみに、金融機関は通常、公定歩合より低い短期の市場金利で資金調達するが、何らかの理由で短期金利が公定歩合以上に跳ね上がった場合、補完貸付制度を使って資金調達を行なうことになる。したがって、公定歩合は短期市場金利の上限となることが期待されるのだ。

次に「公開市場操作」を見ていこう。これは、二〇一三年の異次元金融緩和でも大々的に用いられた手法で、すでに大まかにはご存知の方も多いかもしれない。「公開市場操作」は、「オペレーション」とも呼ばれ新聞などでは「オペ」とも略される。簡単にいうと、中央銀行が民間の金融機関との間で国債や手形などを売買することで市中のマネーの量や金利を調整するものだ。中央銀行が市中の国債や手形などを買い、市中に資金供給することを「買いオペレーション」（買いオペ）、逆に国債や手形を売り、市中のマネーを吸収することを「売りオペレーション」（売りオペ）という。アベノミクスでの金融緩和は主に「オペ」によるもので、異次元級の規模での買いオペで市場にマネーを大量供給しようとしたため、国債の買いだけでは間に合わず、ＥＴＦ（Exchange Traded Fund：上場投資信託）やＪ－ＲＥＩＴ（Real Estate Investment Trust：不動産投資信託）までも買い付けている。

三つ目の「預金準備率操作」は、「準備預金」の比率を変更するというものだ。準備預金とは、民間金融機関が個人や企業などから受け入れた預金などの総額に対して、一定比率の金額を中央銀行に預け入れておくことだ。日本をはじめ、多くの中央銀行では「準備預金制度」としてこの預け入れを義務化している。

この準備預金の比率（準備率）を引き上げると、金融機関は手持ちの資金をより多く中央銀行に預け入れることになる。結果として、金融機関は市中への貸し出しを絞るようになり、マネーの流通が減速する。逆に、預金準備率を引き下げると銀行の余剰資金が増え、それを市中に積極的に貸し出すようになる、という原理だ。

日銀では、かつて預金準備率操作を使って市中のマネーの流通量を変化させ、景気調整に影響を与えていた。しかし、現在日銀をはじめ主要先進国では預金準備率操作はほとんど行なわれていない。これは、短期金融市場が発達したために、準備率操作による金融調整が効きづらくなったためとみられる。

ちなみに、今世間をにぎわせている「マイナス金利」だが、これは日銀当座預金に入っている各金融機関の準備預金のうち、「超過準備」に対して課せられる金利だ。準備預金は、金融機関の預金などの受け入れ額に応じて預け入れが決められるが、それとは別に「法定準備預金額」が定められている。銀行が資金繰りにひっ迫しないように、最低限の資金預け入れが義務付けられているのだ。法定準備預金は無利子での預け入れだが、それを超える準備預金は「超過準備」となり、利子（付利という）が付いている。これをマイナスにしたということだ。これは金融機関にとってかなりの負担となる。もちろん、こんなことをしたからといって、実需が改善しなければ金融機関が融資を増やしてマネーの流通が改善することは見込めないだろう。これは「金利がマイナス→お金の将来価値下落→今使った方がいい」という「期待」に働きかける意味合いが大きい政策といえるだろう。

さて、ここまで金融政策の手段について見てきた。しかし、「なぜこうした操作を行なうことが物価や通貨価値の安定、景気の調整につながるのか」と疑問に思う方もいるであろう。ここで、これらの手段がどういった効果を生むのか、簡単にまとめてみよう。無論、経済に詳しい読者の方も多いと思うので、そういう方はさらっと読み飛ばしていただいてかまわない。

まず、経済活動が活発に行なわれると物価は上がり、賃金も上がっていく。いわゆる好況だ。戦後の高度経済成長期がまさにその状態だろう。しかし、あまり景気が過熱すると急激に物価は上昇し、経済は不安定になる。そこで加熱する景気を減速させる必要が出る。公定歩合操作で金利を上げれば市中金利が上がり、企業や個人は資金借り入れがしにくくなる。結果消費が減速し、加速し過ぎた経済を冷やすことになる。公開市場操作では、「売りオペ」を行なって市中の余剰資金を日銀が回収すると市中のマネー量が減るため、やはり金融を引き締める効果がある。預金準備率操作では、準備率を上げることで金融機関の資金を吸い上げ、同様に金融引き締め効果が期待できる。不況の時はこの逆をやれば良いわけだ。一一五ページの図に、大まかに各政策手段とどのような時に使うのか、期待される効果についてまとめた。景気や物価の動向を元に、こうした政策を駆使して金融の安定化を図っているのだ。

もちろん、金融政策は万能ではない。たとえば、不況下の物価上昇（スタグフレーション）という特殊な状況では、金融政策が太刀打ちできる余地がほとんどない。物価上昇を抑えるために金融引き締めを行なえば景気悪化に追い打ちをかけるし、かといって景気改善のために金融緩和を行なえば物価がさらに跳ね上がる。不況下でインフレになる要因はいろいろあるが、①モノ不足であるか、②通貨価値の下落（つまり国家の信認低下）かという要因が大きい。一九七〇年代のいわゆる「オイルショック」は、①のモノ不足による不況下のインフレの代表例である。またトルコ、ロシア、アルゼンチンなどハイパーインフレを引き起こした国は、②の通貨価値の下落がその要因と考えられる。こうした状況で有効とされるのは、規制緩和や技術革新による民間需要の創出や、減税による民需の喚起といった政府側の政策と考えられている。

こうした役割を担う中央銀行だが、しかし世界中のすべての中央銀行がここに記載したすべての役割を担っているわけではない。日本や米国の場合はすべてを担当するが、たとえばイングランド銀行は銀行の監督を行なっていないし、ＥＣＢ（欧州中央銀行）の場合、銀行の監督も行なわず、また最後の貸し手にもならないのだ。

中央銀行の歴史

■世界初の中央銀行

ここからは、中央銀行の誕生と発達の歴史を見ていこう。初めての中央銀行が設立されたのは、一六六八年のことだ。この時代、世界の覇権国家はオランダであり、大英帝国であった。では、この両国が発祥かというとそうではない。実は意外なことに世界初の中央銀行はこのいずれでもなく、スウェーデンのリクスバンク（スウェーデン国立銀行）なのである。そして、スウェーデンに遅

金融政策とその効果

好景気の時		不景気の時
インフレ、 通貨量が多い	通貨に何が 起きているのか （通貨の現象）	デフレ、 通貨量が少ない
↓		↓
通貨量・需要を 減らす政策 ＝**金融引き締め 政策**	政府は 何をしたいのか （政府方針）	通貨量・需要を 増やす政策 ＝**金融緩和政策**
↓		↓

中央銀行の手立て

売りオペレーション	① 公開市場操作	買いオペレーション
預金準備率を上げる	② 預金準備率	預金準備率を下げる
公定歩合を上げる	② 公定歩合	公定歩合を下げる

このように、景況によって金融政策を実施し、景気を調節する

れること約三〇年の一六九四年、大英帝国でイングランド銀行が設立、続いて一八〇〇年にフランス銀行が設立されたのだ。日本の中央銀行である日本銀行の設立は、明治維新から約一五年後の一八八二年、基軸通貨国であるアメリカでの連邦準備制度（ＦＲＢ）設立はさらに遅く一九一三年のことだ。

ただし、リクスバンクやイングランド銀行は、設立当初から現在のような三つの機能や金融安定化などの役割を持っていたわけではない。リクスバンクは、前身がパルムストルック銀行（ストックホルム銀行）という民営ながら政府機関の面も持つ銀行で、融資業務と為替業務を主業としていた。一八六〇年頃、スウェーデンでは銀や銅など貨幣を作る金属が不足し、国が改鋳（希薄化）を行なった。しかしこの改鋳が引き金となって、旧銅貨を大量に預かっていたストックホルム銀行には預金者が引き出しに押し寄せ、パニックになった。なにしろ、旧貨幣は新貨幣に比べて銅の含有量が多いのである。旧貨幣を希薄化すれば簡単に利益を得られると踏んだ預金者が、われ先に引き出しに向かったのだ。

この取り付け騒ぎで現金が枯渇したストックホルム銀行は、やむにやまれず旧銅貨との交換が可能な紙の兌換券を発行する。これが、ヨーロッパ初の紙幣誕生と言われている。利便性が高く、銀行が兌換を保証するこの紙幣は、人々の信用を得てたちまち市中に出回った。

しかし、この仕組みは長続きしなかった。紙幣発行から二年ほどで兌換紙幣の流通量は飛躍的に増大、その一方で元となる銅貨は当然ながら減ることはあっても増えることはなかった。裏付けのない紙幣が大量に出回ると何が起きるか。私の書籍を何冊か読んだことのある読者ならすぐおわかりだろう。それは価値の希薄化だ。兌換に応じられなくなったストックホルム銀行はデフォルトし、出回っていた紙幣は紙キレとなった。国内ではさらにパニックに見舞われ、頭取のパルムストルックは責任を取らされ死刑判決を受けた（ただし、このパニックも元を正せば国の改鋳が事の起こりであったため、結局死刑執行は免れたという）。

この失敗を教訓にして一六六八年に設立された「国立諸階級銀行」は、ストックホルム銀行に続いて融資業務と為替業務を行なった。これがのちにリクスバンクに改称、一八九七年には通貨の独占発行権を与えられると、リクスバンクは銀行券の発行ができなくなった他の銀行に優遇金利での資金貸し出しを行なうことになった。「銀行の銀行」としての機能の誕生である。設立から二〇〇年余り、その間政治体制や経済の紆余曲折を経て、徐々に中央銀行としての機能が形作られてきたのである。こうした経緯を踏まえると、リクスバンクは「世界最古の中央銀行」というより、「現存する中央銀行のうち、もっとも長い歴史を持つ中央銀行」というべきかもしれない。

ちなみに、リクスバンク（スウェーデン国立銀行）という名前はあまり聞きなれないかもしれないが、実は比較的私たちになじみ深いところに関係している。学術分野で傑出した功績を残した人物に贈られる「ノーベル賞」だ。実はノーベル賞の六分野の賞のうち、経済学賞だけはノーベル財団のオリジナルの賞ではない。「ノーベル経済学賞」は俗称であり、正しくは「アルフレッド・ノーベル記念経済学スウェーデン国立銀行賞」という。リクスバンクがノーベル財団に働きかけ、一九六九年より授与が始まったもので、賞金もノーベル財団ではなくリクスバンクから出される。さらに余談だが、ノーベル賞の賞金は日本の所得税では非課税だが、賞金の財源の違いから経済学賞の賞金だけは課税対象になる。

■イングランド銀行～「中央銀行」誕生の立役者

中央銀行では世界で二番目に長い歴史を持つイングランド銀行も、元々すべての機能を備えていたわけではない。一六〇〇年代末、イギリスは「名誉革命」（一六八八～八九）、「大同盟戦争」（一六八八～九七）、「大トルコ戦争」（一六八三～九九）など、戦争とクーデターにまみれていた。時の政府は、軍事費の調達にも苦慮する状態だった。その最中の一六九四年、イングランド銀行は戦費調達を目的にした「民間銀行」として設立を認可された。政府が徴収する税のうち、「トン税」（輸入品の重量に課税）と「酒税」を引き当てにして政府への貸付を行なうイングランド銀行は、戦争によって政府債務がいよいよ莫大なものになると、関係する国債発行業務や国庫出納業務などを独占的に担うようになる。「政府の銀行」としての機能である。

また一方、イングランド銀行は当初から預金業務を行なっていた。現金預け入れに対して現金手形を発行したのだが、これが後のイングランド銀行券、つまり紙幣に発展していった。

当時のイギリスでは、銀行がおのおの預金者に独自の銀行券（手形）を発行しており、イングランド銀行もその一つに過ぎなかった。しかし、莫大な政府債務を貸し支えていたイングランド銀行は、その力を利用して早い段階から銀行券の発行権を独占化していった。政府も戦費調達に力を振るっていたイングランド銀行を優遇する姿勢を取ったため、他の民間銀行も徐々に発券業務を止め、自行の銀行券ではなくイングランド銀行券を使うようになっていった。

やがて、民間銀行は支払い準備用のイングランド銀行券をイングランド銀行の預金勘定に預けるようになり、銀行間決済をこのイングランド銀行にある預金勘定間で行なうようにもなった。こうして「銀行の銀行」としての機能が成立していったのだ。

このように、戦争による莫大な政府債務とそれを利用した銀行の中核業務の独占が、イギリスの中央銀行形成の背景となったことは非常に興味深い。そしてイングランド銀行はその後、いよいよ本格的に中央銀行の形を整えていく。一八四四年に発行された「ピール銀行条例」では、実質的に独占的通貨発行権を持つに至った。その後の度重なる金融危機を経て、銀行の危機時に貸し出しを行なって流動性を確保する「最後の貸し手」としての役割も担うようになっていった。

イングランド銀行が紆余曲折を経ながら確立した「中央銀行制度」は、イギリスが覇権国家として版図を広げる過程で世界中に普及していった。明治政府が銀行制度を導入する際にもイングランド銀行の制度は参考にされた（ただし、日本銀行は最終的にはベルギー国立銀行をモデルに設立された）。

また米国の中央銀行制度である連邦準備制度（ＦＲＳ）の設立にも、イングランド銀行の制度はおおいに参考にされた。その後、世界の覇権は英国から米国に移ったが、中央銀行という制度は国際社会に参加しうる通貨・金融システムを構築するための中核的制度として、世界中の大多数の国に導入されていった。

■ＦＲＢ……世界最強の中央銀行

ＦＲＢは現在、世界経済にもっとも影響力を持つ存在だ。米国政府とは独立していながら、その絶大な影響力から「ＦＲＢ議長は、合衆国において大統領に次ぐ権力者」という評判すら存在する。

このＦＲＢの最高意思決定会合であるＦＯＭＣ（連邦公開市場委員会）は年八回行なわれ、米国の金融政策に関して極めて重要な意思決定がなされる。その内容が公表される際は、その内容を世界中の投資家、金融関係者がそれこそ固唾を飲んで見守る。議長の言葉遣いの一つひとつが吟味され、世界経済の方向性の手がかりが徹底的に精査される。発言内容に関わらず、その言葉尻だけで市場が大きく揺れ、弱小個人投資家などはその巻き添えで泡のように資産を散らしてしまうことすらあり得る。今や、ＦＲＢはそれほどの力を持っている。

そのＦＲＢであるが、実は日本銀行やイングランド銀行のような単一の機関ではない。すでにご承知の方も多いかもしれないが、簡単にその概要に触れておこう。

まず、ＦＲＢという言葉だが、米国の中央銀行制度に関して三つの意味合いを持っている。一つ目は「連邦準備銀行」（Federal Reserve Bank）で、米国内にある一二の連邦準備銀行を指している。日銀のように本店の下に支店がある形ではなく、それぞれ横並びの中央銀行である。通貨発行権はこの連邦準備銀行が持っており、それぞれが通貨を発行している。

二つ目は「連邦準備制度理事会」（Federal Reserve Board）で、連邦準備銀行の最高意思決定機関だ。理事七名で構成され、金融政策の決定と実施を行なう。この七名の理事と連邦準備銀行の総裁五名の一二名によって開催される連邦公開市場委員会（Federal Open Market Committee：ＦＯＭＣ）において、重要な金融政策の一つ、政策金利が決定される。

三つ目は「連邦準備制度」（Federal Reserve System）で、本来なら略称は「ＦＲＳ」となるが、米国の中央銀行制度自体をさして「ＦＲＢ」と呼ぶことが通例となっている。メディアなどで使われる「ＦＲＢ」は、実は細かく違いがあり、場合によっては使い分けもなされるべきものだ。しかし、大まかにいえば「米国の中央銀行」という認識で間違いではない。

このような、一見複雑にも見える制度が出来上がった経緯は、米国成立から現在までの歴史と大きな関連がある。その変遷は決して順調なものではなく、それどころか米国の中央銀行制度も試行錯誤と失敗の上に成り立っている。

一七七六年の米国独立以前、アメリカ大陸は欧州列強諸国の植民地として割拠されていた。イギリス、スペイン、フランス、オランダ、スウェーデン、ロシアといった国々の進出と領土拡大によって多くの民族が入り乱れ、またそれぞれの国の通貨が流通する複雑な経済圏が形成されていた。

念願の独立後は、この混乱した経済状態の整理と金融機能の強化を目指して、比較的早期に中央銀行制度の導入は検討・実施された。一七九一年には合衆国公認の銀行である「第一合衆国銀行」が設立されたが、当初の公認期間二〇年を満了した一八一一年に公認が取り消され、初の中央銀行としての幕は下りた。

合衆国初の中央銀行が失敗した理由は、「南北問題」と言われている。商工業化が進んだ北部地域では、産業革命を果たした英国に対抗すべく、政府に強力な権力を持たせて近代的な重商国家となることを志向した。一方、南部地域はプランテーションによる農業主体であったため、大地主の自治による緩やかな農業国家を志向していた。中央銀行の設立は、北部地域にとっては必要不可欠であったのに対し、南部地域にとっては弊害以外での何物でもなかった。

中央銀行によって金融業が圧倒的な権力を掌握したことは、この時すでに欧州で実証済みの状態で、米国に中央銀行ができれば南部地域が経済的に圧倒的不利な状況となることが予見されていたのだ。「第一合衆国銀行」は初代財務長官のアレクサンダー・ハミルトンによって設立されたが、彼はいわゆる「フェデラリスト」と言われる北部地域的な強い連邦国家を志向していた。これに対し、初代国務長官で第三代大統領であったトーマス・ジェファーソンは南部地域的な自由で緩やかな国家連合を志向（アンチ・フェデラリスト）し、これに反対。この国家のあり方をめぐる思想の対立を象徴するように、一度は公認された中央銀行が公認取り消しとなったのである。

しかし、第一合衆国銀行の消滅からわずか六年後の一八一七年、合衆国は再び中央銀行を創設する。この「第二合衆国銀行」が設立された最大要因は、一八一二年から始まった米英戦争での戦費調達が目的だった。イングランド銀行設立の経緯と同じという点が興味深い。この戦争とインフレからやむにやまれず設立した二つ目の中央銀行によって、米国経済そして米金融業は予想を上回る勢いで成長していった。

しかし、二〇年の公認期限が迫る一八三二年、再び「南北対立」が持ち上がる。時の第七代大統領アンドリュー・ジャクソンは南部出身の「アンチ・フェデラリスト」で、かねてから金融業が台頭して経済面で独占的な権力支配を確立することを懸念していた。第二共和国銀行によって花開いた金融業界は、その資金力で議会に影響力を行使し公認延長を可決させたが、ジャクソン大統領は拒否権発動という伝家の宝刀でこれをバッサリと切り捨てたのだ。国家のあり方という、非常に根源的な思想対立の象徴的存在として、第二合衆国銀行も失敗に終わった。

二度の挫折を経て、いよいよ三度目の正直となるＦＲＢが誕生したのは一九一三年のことである。その間約八〇年強、米国経済は激しい景気の浮き沈みに悩まされ、また南北戦争にも見舞われながら、中央銀行なしでの成長を成し遂げた。

歴史に「もし」はないが、中央銀行制度が継続していたなら、当時の米国経済はより安定的により早く成長したかもしれない。またその一方で、金融がその力をさらに加速させ、少数者による実質的な政治支配が進んだ可能性もある。こうした観点で言うならば、米国はこの時期、金融面では「安定した強い経済国」ではなく、「強力過ぎる権力者がいない、自由で民主的な国」を志向したとも言えるだろう。

米国が三度目の中央銀行を創設したきっかけは、一九世紀後半から二〇世紀にかけてたびたび発生した恐慌への対応が必要となったためである。特にその直接的要因となったのは、「一九〇七年恐慌」だ。金融システムは深刻なダメージを受け著しい不況となった経済を立て直し、また経済の安定を維持するため、石油王ロックフェラーやナショナル・シティ銀行、J・P・モルガン、クーン・ローブ商会などの財閥が集結し、時の大統領ウッドロウ・ウィルソンも動かして一九一三年に連邦準備法（オーウェン・グラス法）を可決させた。これに基づいて設立されたFRBは、設立当初から中央銀行の三つの機能を持ち、経済への強大な影響力を行使した。

その後二つの世界大戦を経てその強大な権力を盤石にしたFRBは、長く日陰から米国そして世界の経済に関与し続けてきたが、リーマン・ショックによる金融危機以降は名実ともに世界経済のセンターポジションの座にい続けている。

このように、各国とも中央銀行誕生とその後の歴史は異なるが、通貨の信用を保ち、金融システムを維持し、物価安定を図る狙いは共通している。また、中央銀行は政府とは独立した機関であるという点も同一だ。

中央銀行陰謀説

さて、ここまでで主要国での中央銀行の成立の経緯を見てきたが、こうした話をするとよく出て来る話がある。いわゆる「金融財閥陰謀論」や「中央銀行陰謀説」と言われるものだ。そしてこうした話に多いのが、首謀者がロスチャイルド一族で「ユダヤ陰謀論」とも結び付く、というものである。

簡単に触れておこう。「ユダヤ陰謀論」とは、ユダヤ人が紀元前から世界の政治、経済、軍事など多方面に深く関与していたことに起因する陰謀説で、歴史上の様々な出来事がユダヤ人の策謀によって引き起こされているという説だ。その「ユダヤ陰謀論」の金融システム版が「中央銀行陰謀説」、産業版が「金融財閥陰謀論」ということになる。結論から言うと、私はこうした陰謀論をまったく信用していないし、また興味もない。

確かに、イングランド銀行には一九世紀以降、ロスチャイルド家が深く関与している。ロスチャイルド家の起こりは一八世紀のフランクフルトに遡る。ゲットー（ユダヤ人隔離居住区）から成り上がった銀行家マイアー・ロスチャイルドが作り上げた財閥一家で、その五人の息子たちは欧州各地に散っていずれも銀行家として成功、当時戦争に明け暮れていた欧州各国にカネ貸しを行ない、その中枢に深く入り込んだとされる。一族が国をまたいで連携し、事実上欧州列強諸国での金融面における絶大な影響力を握ったことから、陰謀論支持者からは「影の絶対権力者」のような言い方をされている。

この「ユダヤ財閥陰謀論」は、米国における為政者の悲劇にも関連付けられている。奴隷解放を旗印に南北戦争を戦った英雄的大統領エイブラハム・リンカーン。彼を殺したのはジョン・ウィルクス・ブースという人物だが、ある調査によると国際銀行家（ロスチャイルド家）に雇われて暗殺を実行したことが判明したという。また、暗殺シーンが世界中のテレビに中継され衝撃を呼んだジョン・F・ケネディの暗殺を主導したのも、国際銀行家筋という話がある。直接証拠はないが、リンカーンもケネディも政府紙幣の発行を推し進めたことでロスチャイルド家の不興を買ったというのだ。

国際銀行家たちにとって、自分たちが築き上げた通貨発行の実質支配を揺るがす政府紙幣は許しがたい暴挙である。したがって、たとえ一国のトップであろうとも実力行使で排除する必要があり、また自分たちの力を後代の為政者にも示すため、わざと見せしめ的に暗殺したというのだ。

米国のＦＲＢ設立も、ロスチャイルドの陰謀によるものとされる。ＦＲＢは、ロスチャイルドが事実上支配したイングランド銀行におおいに薫陶を受けた人々によって内容が詰められ、設立に漕ぎ付けている。またモルガン商会やクーン・ローブ商会、ロックフェラーなどもロスチャイルド財閥に連なる関係者とされる（ロックフェラーはロスチャイルド系ではないとする説もある）。彼らはこぞって、巨大国家米国における経済的支配の確立に向けて、米国に中央銀行制度をねじ込んだと言われている。一九一三年の連邦準備法（ＦＲＢの根拠法）成立時も、多くの議員が休暇中だった一二月二三日に「隙を見計らったように」行なわれたということがその証左とされている。実際、その後ＦＲＢ

に率いられた米国金融業は、二つの大戦を経て米国の覇権がいよいよ盤石となる中で、「大統領に比肩する」とまで言われた巨大な力を持つようになった。

ユダヤ人が中央銀行制度という「静かな毒」を国に盛り、裏から実質的に経済支配をしているとするのが「中央銀行陰謀説」のあらすじだ。いや、ここでの私の説明は、必ずしも陰謀論支持者の人たちから見れば正確なものとはいえないかもしれない。もし、読者の皆さんが関心を持ったのであれば、より正確とされる他書を参考されたいが、しかしハッキリ言わせていただく。ここで正確性を云々することは意味がない。なぜなら、もともと陰謀論にはまともな証拠などありはせず、ほとんどが権力への漠然とした嫉妬や憧憬、嫌悪感や恐怖をベースに状況証拠を勝手に解釈して作りあげた、妄想の類だからだ。

秘密勢力が世界中に地下ネットワークを築き、各国の中枢に巧妙に入り込んで実質支配し、富や権力をほしいままにし、戦争や飢餓、疫病や災害までも操るといった話は、荒唐無稽なファンタジー小説としての娯楽的な価値はあるのかもしれない。しかし、現実世界を「陰謀論がすべて」で捉えることは、その個人にとっても社会にとっても無為どころか有害ですらある。それは、「ホロコースト」という人類史に残る悲劇一つを見るだけでも十分に明らかなことだ。

権力中枢にユダヤ人が多いことを指摘する論もあるが、それは勤勉を範とするユダヤ教が個人の才能を開花させ優秀な人材を輩出するからであって、ユダヤ人が世界支配をするために権力を志向しているのではない。大体、巨大な権力を持った人間がみな「人類支配」「世界征服」を志向するという発想自体、権力の本質を知らない者の貧弱な発想である。歴史を見ればわかるが、ヒト、モノ、カネ、あらゆるものを手にした権力者が私欲のために権力を振るえば、往々にして待っているのは愚者の烙印と身内の裏切り、そして無残な死である。

さて、大分脱線してしまったので話を戻そう。中央銀行の成立と発展の歴史は、こうした陰謀のたまものというよりも社会、政治体制の変遷と共に絶え間なく変化してきた経済という「魔物」に、人類が苦闘しながら対抗してきた知恵の歴史といえる。そして、国家と独立した特殊な金融機関という立場から、時の統治体制を側面的に支える役回りを果たしてきた。

そして現在、その影響力はかつてないほどに強まっている。いかに叡智の結集といえども、所詮人間が考え作ってきた仕組みである。決して完全ではないし、しかも「核ミサイル級」の破壊力を行使できる存在である。扱いを間違えれば、破滅を呼び寄せる最悪の凶器にもなり得る。つまり、中央銀行の暴走によって文明社会における金融の死をすら招きかねないということだ。高度に分業化が進み、金融システムなしでは生活が成り立たない現代人にとって、それは文明の滅亡にも直結しかねない深刻な問題となるだろう。

中央銀行に関する考察

■独立性に関して

さて、ここまで中央銀行の機能と役割、歴史や陰謀説にまで言及し、「中央銀行とは何か」について見てきた。金融の近代化、高度化において、中央銀行という仕組みは極めて重要な位置づけであったことに異論の余地はないだろう。

しかし、中央銀行の「独立性」は、その位置づけから考えると多分に違和感を覚えるものではないだろうか。

中央銀行は、その存在自体が国家的な影響力を発揮するという意味で非常に公的なものであり、政府機関に準じる位置づけである。しかし、世界中の多くの中央銀行は政府機関ではなく、独立した金融機関という位置づけになっている（中央銀行の独立性）。ある中央銀行が国際的に信認を得るには、独立性は絶対条件とすらなっている。

独立性が必要な理由は、政府が金融の全権を掌握すると通貨価値を維持できなくなる傾向にあるという、歴史的経験に基づいている。たとえば江戸時代の日本でも、経済が行き詰まると度重なる貨幣改鋳を行なっているし、ヨーロッパ諸国でも改鋳は頻繁に行なわれてきた。こうした通貨の希薄化は深刻なインフレをもたらし、不安定な物価に人々は翻弄され続けてきたのだ。

そこで、中央銀行は金融政策の実施と通貨の管理について、政府とはまったく独立した裁量を持つこととし、通貨価値を守り物価を安定させる役割を担うこととなったのだ。

■金融政策について

このように、中央銀行は政府とは独立しているが、だからといって中央銀行が政府の意向とはまったく関係なく金融政策を実施し、通貨を発行したり回収したりできるわけではない。中央銀行とは、あくまである独立した主権を持ち独自の通貨を発行できる国にだけ存在できる機関であり、またその国の経済に資するという目的を政府と共有している。金融に関する何らかの政策を決定するには、国内の産業や人口動態、海外要因などを総合判断する必要があり、それは多分に政治的判断となる。したがって、金融政策の目標は政府が主導して決定することとなる。

一方で、金融政策を達成する手段、実施する規模や内容、対象などもすべて政府の決定となれば、かつて前近代国家が踏んだ轍を再び踏むことになりかねない。したがって、政策の実施面は中央銀行が全権を掌握し、独自裁量で目標達成にあたることとなる。中央銀行が政府と独立しているのは「政策の手段」であって、「政策の目標」ではないのだ。

こうした観点で見ると、昨今の主要国での金融の政策目標は国が決め、中央銀行がそれを実施していることがよくわかる。二〇一二年末から始動した第二次安倍政権の経済政策、通称「アベノミクス」の金融政策では、デフレ脱却のためインフレ率二％という目標（インフレターゲット）を設定し、日銀の黒田総裁はそれを受けて国債をはじめとした市中の資産買い取り（買いオペ）によるマネー供給を「異次元」レベルで実施した。

二〇一六年一月のマイナス金利導入も、物価上昇を企図して日銀が打てる手の中から繰り出した手段である。同様に、ＥＵでもデフレ脱却を目標に掲げ、中央銀行であるＥＣＢが金融緩和に乗り出している。

現在のこうした動きの中で少し異質なのは、米国の金融政策だ。ＦＲＢは金融政策の実施に景気動向や物価上昇率といった標準的な指標の他に、雇用統計も判断材料にしている。賃金の増減の他に、失業率や就業者数の増減も政策実施の可否に影響をおよぼしているのだ。これは、ＦＲＢに「最大限の雇用と物価安定」という二つの使命を果たすことが課せられているためである。

実は、インフレ率と失業率には密接な関係が認められる。経済の勉強をした方はご存知だろうが、インフレ率が高い時には失業率が下がり、逆に失業率が高いとインフレ率が低下するという、「フィリップス曲線」というものだ。ニュージーランド生まれの経済学者アルバン・フィリップスが発見したこの法則は、現在でも社会に広く認められる傾向として認知されている。前近代国家が通貨政策を主導していた時代、政府はインフレ対策よりも雇用対策を重視していたと言われる。つまり、フィリップスの発見した傾向に従って、こうした前近代国家は失業対策に重点を置いた結果、制御不能のインフレを引き起こしたということなのだ。

ＦＲＢに話を戻そう。フィリップスが発見したこうした法則から考えると、ＦＲＢが持つ「雇用と物価」とは、一見すると背反する目標に思える。ただ、その意味するところは「雇用と物価の健全で高度なバランス」ということだ。

フィリップス曲線

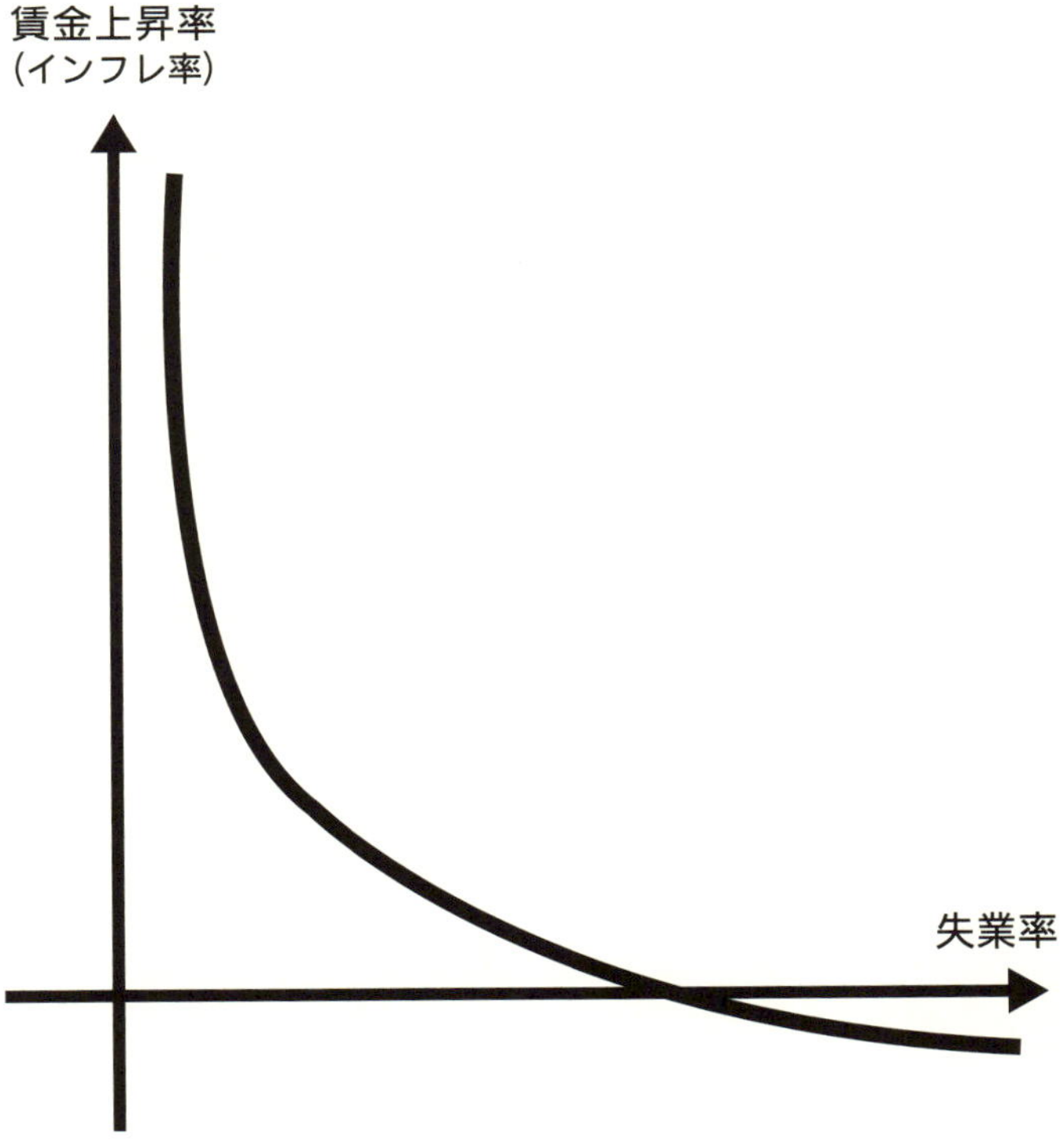

デフレが進むと失業率が上がるという傾向が確認されている。

いずれかを優先してもう一方を犠牲にすることなく、最善のバランスを目指した金融政策の実施をＦＲＢは求められているのである。この点においてＦＲＢは他の中央銀行とは一線を画しており、政府が決定する様々な国家的政策により深く関与しているという見方ができるだろう。

■中央銀行は破綻するのか

中央銀行がどんな存在で、何をやっているのか、おおよそのことはおわかりいただけたことと思う。この章の締めくくりに、もっとも本質的なことを確認しておきたい。〝果たして、中央銀行が破綻するということがあり得るのか〟ということだ。

結論から言おう。「形式的には」破綻することはまれである。しかし、実質的な意味においては、十分あり得るどころか、条件さえ揃えば確実に破綻する。この意味するところは、国家の破産と同じ意味合いだ。戦争に負けるなどで国家が消滅する場合は別だが、通常の場合、国家破産しても国自体はなくならない。国民がそのツケを払わされ、その後、国家は再興することとなる。

中央銀行も同様である。形式的には潰しようはないが、通貨の安定や金融システムの安定的維持といった本来の役割を果たすことはできなくなる。歴史上、こうした例には事欠かない。一番近いところでは昨年、ジンバブエ中央銀行が自国通貨の廃止を正式に決定し、米ドルへの交換を開始した。もっともひどかった年には、年率二二〇万％という気が狂いそうなハイパーインフレを通じてジンバブエ中央銀行は、ジンバブエ政府同様形式的には存在するが実質的には崩壊し、その役割を完全放棄している。

欧州きっての健全財政を貫くドイツも、第一次世界大戦後にはハイパーインフレで実質的に中央銀行が崩壊、第二次世界大戦後にはドイツ帝国銀行は廃止され、ドイツ連邦銀行が設立された。この時、旧通貨のライヒスマルクは、ほぼ無価値になっている。

また、前述の通り米国においても二度に亘って合衆国銀行が消滅している。米国でも通貨価値が安定せず、たびたび高インフレに見舞われている。

こうした事態であおりを食うのは、結局、そうしたお金を使う国民である。形式論として「中央銀行は破綻しない」などといっても、私たち国民の経済活動が破滅的被害を受けるのであれば、そんな理屈はまったく意味を成さない。

実質的な中央銀行破綻がどのようにして起き、それによって国民はどんなひどい目に遭うのか。そして、それを回避するためにはどんな対策が必要なのか。私たち国民が本当に知っておくべきことは、そういう本質的な「知恵」なのである。

第四章　マネーとは、国債とは

民間が年間一兆円近くも生み出すマネー〝ポイント〟

本章のテーマは「マネーとは、国債とは」何かということだ。まずは、マネーとは何かについて考えていきたい。私たちはマネー＝お金なくして生きていくことはできない。会社で働き給料をもらう、それで食べ物を買ったり、服を買ったり、家賃を払ったりする。しかし、お金の形態もどんどん変わってきている。少し前、といってももう数十年前の話になるが、サラリーは給料袋で現金そのもので支給されていた。今はそんなことをやっている会社は皆無で、ほとんどは銀行振込だ。

払う方のお金もずいぶんと変わってきた。その変化は近年急激に進んでいる。その象徴は〝ポイント〟だ。読者の多くも「Tポイント」「nanaco」「楽天」「Ponta」「WAON」といったポイントを貯め、それで支払いをすることがあるのではないだろうか。

こういったポイントやマイレージだが、野村総合研究所の推計によれば家電量販店やクレジットカード、携帯電話など国内一一業界の主要企業が一年間に発行するポイント・マイレージを現金換算した時の「年間最少発行額」（集計対象とした企業の数が限られていること、また来店キャンペーンなど購買金額に関わらず発行されるものや特別会員向けなどの追加発行ポイントを除いているため、「年間最少発行額」としている）は、二〇一三年度実績の推計で八五〇六億円に達したという。ポイントやマイレージは、お金と同じようにいろいろな店で使える。それを民間が、勝手に一年間で最低でも八五〇〇億円以上も発行しているわけだ。

ポイントの発行は、今後も基本的に増大し続けるであろうから、その影響力がどんどん無視できないものになっていくことは間違いない。よく「輪転機を回してお札を刷ればインフレになる」というようなことが言われるが、今や、普通の店舗がいわば「輪転機を回せる」時代になっているのである。

しかし、このポイントの裏付けって何なのだろうか……？　なんで、お金と同じように使えているのだろうか？

急速に広まり、ついに法規制の対象となる「仮想通貨」

ポイントのような身近なもの以外に、「仮想通貨」なるものも現れている。その代表は「ビットコイン」だ。政府は二〇一六年三月四日、仮想通貨取引の透明性を向上させる法規制案を閣議決定した。これまで政府は、仮想通貨を単なる「モノ」とみなして法律で規制せず事業者の自主規制に任せてきた。しかし閣議決定された法案では、不特定多数の間で売買できる電子的に移動可能な『財産的価値』と法的に定義し、世界初の仮想通貨法の制定を目指すことになったのだ。

二〇一四年に当時世界最大のビットコイン取引所であった東京の「マウントゴックス」が経営破綻し、一時は安全性などに懸念が高まったが、ここにきて取引量は再び急増している。日本には現在、七社の取引所があり、約五万人がビットコインを利用するとされる。取引量は、一日あたり約六億円にも達する。国内でビットコインを決済できる店舗も一〇〇〇店を突破した。飲食店だけでなく、歯医者やネイルサロンにも広がっている。もちろんこの手のものは、日本より米国の方が広まるのは早い。二〇一四年には米オンライン旅行最大手エクスペディアやコンピュータのデルが、ビットコインによる支払いの受付けを開始している。

急速に広がってきている仮想通貨・ビットコイン。ウィキペディアで検索してみると、まず冒頭に次のように出て来る。「ビットコイン（英語：Bitcoin）とは、公共トランザクションログを利用しているオープンソースプロトコルに基づくPeer to Peer型の決済網及び暗号通貨である」――大半の読者は、何を意味しているか皆目わからないであろう。かくいう私も、皆目わからない。さらにそれに続く「概要」を読んでみよう。

――

ビットコインは極めて低いコストでの決済（およびマイクロペイメ

ント）を権力機関や特別な権限を持つ発行者無しで平均一〇分程度の待機によって可能にする。ノードから別のノードへの貨幣の移動は電子署名された取引で行われ、P２Pネットワーク内の全てのノードにブロードキャストされる。初期の通貨流通や、二重支払いの検知のためプルーフ・オブ・ワーク・システムが用いられている。ビットコインは中本哲史（サトシ・ナカモト（Satoshi Nakamoto））を名乗る人物によって投稿された論文に基づき、二〇〇九年に運用が開始された。ビットコインは、採掘、もしくは商品・サービス・他の通貨との交換、また寄付を受けることにより入手できる。

（ウィキペディア）

ここでもまた意味不明の言葉が続くが、ビットコインのポイントの一つが明らかになっている。「極めて低いコストでの決済」だ。通常私たちが決済や送金をする場合、銀行を通して行なう。当然、それ相応の手数料がかかる。特に送金先が海外であれば、手数料はかなりのものになる。しかし、ビットコインの

場合はあたかも直接会って財布からお金を出して支払うのと同じように、個人間で直接支払うことができるのだ。銀行のような仲介する組織が存在しないので、基本的には手数料を払う必要はない。また、国によって通貨が異なるということもなく、世界中で同じ通貨＝ビットコインが利用できるので、為替手数料もない。

これらを読まれて、読者の中には「中本哲史さんという日本人が発明したの？」とか「採掘ってどうやってやるんだ？」などという感想をお持ちになった方もいるであろう。本章のメインテーマからは少々外れるが、その疑問にお答えしておこう。まず中本哲史さんだが、日系人と言われているが本名かどうかも含めて正体は不明だ（最近は、実はオーストラリア人企業家だという説が有力視されているようである）。次に「採掘」であるが、採掘というと当然、金鉱山を掘るというような肉体労働のイメージである。しかし、ビットコインの場合はもちろん肉体労働ではない。完全な頭脳労働、というよりも完全なコンピュータ労働だ。ビットコインの取引は、少ない時は一〇〇、多い時は一〇〇〇といった単位でまとめられて、ブロックという単位をなして記録される。そのブロックチェーンの末尾にブロックを追加する作業を、膨大なコンピュータパワーで計算させると新たにコインを生成できるというのだ。「採掘」とは、このコンピュータ労働作業を指している。

お金の世界はある日突然、崩壊する？

ここまで読んで来られて、多くの読者は通貨を巡るすさまじい動きに戸惑われたのではないだろうか。「民間が勝手にお金を発行したり、コンピュータがお金を生み出したり……。やっぱり通貨を発行できるのは、国家でなければいつかトンデモナイことになってしまうのではないか」と。ここから本格的にこの問題について考えていこうと思う。

「マネーとは何か」「お金って何だろう」……こんなことを考えていくことで、目先の給料が増えるわけでも資産を殖やせるわけでもない。しかし、この問題について思索するのは決して意味のないことではない。なぜなら、「当たり前だと思っているお金の世界が、ある日突然崩壊する！」――そんなこともあり得るということが、お金についての思索を深めていった時にわかって来るからだ。マネーの世界とは、幻想に支えられたものに過ぎないことがわかって来るのだ。

それではこれから、マネーを巡るちょっとした知的な冒険旅行をお楽しみいただきたい。

「使用価値」と「交換価値」

マネーについて、お金について考えるにあたって、まず最初に「価値」について考えてみよう。私たちがお金を払って何かを買う時、それはその対象物が「価値ある」と考えるから買うのである。

たとえば上着を買う時に「おっ、いいな。この色合い」というような感じで買う。たとえばコーヒーを買う時に「俺、このモカが好きなんだよね。香りがいいねえ」というような調子だ。小難しく言うと、このような物の有用性（人間の欲望を充足させる物の属性）を「使用価値」と言う。

さて、この上着一着とモカのコーヒー豆五キログラムとが「同じ価値」であるとする。つまり、両方とも一万五〇〇〇円であるような場合である。そうすると、この二つは交換可能である。この場合の「価値」とは何を意味するかというと、小難しく言えば交換できる価値であるから「交換価値」と言う。いうまでもなく、上着とコーヒーの使用価値は異なる。質が異なるのである。「上着とコーヒー、どっちがいい？」なんて、比較にならない。しかし交換価値の面では質は同じであり、ただ量を異にするだけだ（たとえば上着一着とコーヒー豆一〇グラムでは、当然、交換価値は量的に異なる）。

では、この交換価値の量を決めるものは何か？「労働時間」である。一着の上着を作るには、まず羊を養育する畜産業者がおり、刈った羊毛を布に加工する業者がおり、その布を上着に仕立てるアパレル工場がある。大変な手間と時間をかけている。たった一〇グラムのコーヒー豆を栽培して焙煎するコストは、そんなにはかからない。前述したように、上着一着に相当するのはコーヒー豆だと五キログラムくらいは必要になるだろう。

マルクスの「剰余価値説」

このような小理屈、年配の読者の方の中には、懐かしく思い出される方もいらっしゃるのではないだろうか。上述してきたのは、かのマルクスの『資本論』の「価値形態論」「労働価値説」を、現代的にわかりやすく述べたものである。おそらく四〇代以下の読者にとっては、「ふ～ん、なるほどねえ」という感じだろう。

ここからマルクスは、「剰余価値説」を展開する。剰余価値説とは、たとえばコーヒー農園を経営する資本家は労働者を働かせて売値一万五〇〇〇円のコーヒーを栽培するが、労働者には八〇〇〇円しか払わない。労働者が作った価値のうち、労働者が生きていくために必要な分だけは労賃として労働者に払われるが、それを上回る七〇〇〇円分の価値＝「剰余価値」は誰が取得するのか。それは、生産手段（農地や機械）を所有している資本家だ。資本家が剰余価値を吸血鬼のように搾取するのだ（「吸血鬼」という表現は、実際に『資本論』に出て来る）。

しかし、矛盾をはらんだ資本主義が発展していくと、恐慌・闘争・暴力的破壊を経て社会全体で生産を管理するような社会＝共産主義社会が実現する。大雑把に述べると、これが一九世紀から二〇世紀にかけて一世を風靡し、ソ連を生み（二〇世紀末に崩壊したが）、東ドイツなど東欧の社会主義国を生み（これまた崩壊したが）、中華人民共和国を生み、朝鮮民主主義人民共和国（北朝鮮）を生んだマルクスのベースになる考え方である。

革命によって生まれたものは？

今挙げた国の中で、現在でもおおいに健在なのはいうまでもなく中華人民共和国であるが、かの「パナマ文書」に多くの中国要人の名前が挙がったことを思い起こさずにはいられない。「パナマ文書」が何を意味するか――それ自体が一般庶民には理解しがたいものであるが、要は、国内に置いておけないトンデモナイ額の隠し資産を持っている人たちのリストということである。中国では習近平・国家主席、毛沢東・元国家主席、胡耀邦・元総書記、李鵬・元首相、現在の中国共産党序列五位の劉雲山・党政治局常務委員など、共産党エリートの家族や親族、子孫の名前がぞろぞろ出てきた。

代表作『モモ』で世界的に知られるドイツの児童文学作家、ミヒャエル・エンデは、一方で生涯をかけてお金に関する根源的な問い直しを思索し続けた人物でもあった。そのエンデの言葉が思い返されて来る。

マルクスの根本的な考えは正義です。（中略）マルクスの時代には一〇歳にも満たない年少者が労働にかりだされることが日常茶飯事でした。（中略）時を同じくして、上流階級の人々はサロンで文化的な話をしてい

ました。そのサロンを暖かくした石炭が、子どもたちの過酷な労働によるものだとは上品な紳士淑女は考えもしませんでした。マルクスが目のあたりにしたのは当時のそのような社会状況でした。それを批判したのは正しいことです。(中略)しかし、それと、なぜ彼の思想がうまくいかなかったのか、ということとは別問題です。簡単にいいますと、マルクスは個々の資本家を、国家という唯一の資本家でとって代えれば、資本主義が克服できると考えたのです。(中略)これはやはり幻視で、実際には新しい人間は生まれず、生まれたのはそれまでとまるで変わらない官僚主義でした。

(河邑厚徳+グループ現代著『エンデの遺言「根源からお金を問うこと」』NHK出版)

マルクス主義をテーゼとする中国が共産党エリートだけが特権を有する超格差国家であることは、誰もが知るところである。明るみに出た彼らの隠し蓄財

を知るにつけ、このエンデの言葉に同意される方は多いのではないだろうか。

貝も家畜も貨幣だった——貨幣はなぜ貨幣になるのか？

さて、ここで再びマルクスに戻ろう。「なぜまたマルクス？」といぶかしく思う方もいらっしゃるだろうが、マルクスは「貨幣」についても解析している。そのあたりが私たちがマネーについて思索を深めるのに役立つのだ。

先ほどの一着の上着と五キログラムのコーヒー豆と、さらに二オンスの金《きん》が等価であったとする。ここでいよいよ貨幣＝金貨が出て来る。マルクス曰く「価値の尺度として金が用いられうるのは、ひとえに金そのものが、労働生産物」であるからで、「すべての商品と同じように、金は、それ自身の価値の大きさを、相対的に、他の商品で表現するほかない。それ自身の価値は、その生産に要した労働時間によって規定される」（マルクス著　向坂逸郎訳『資本論』岩波文庫）。

これを読まれた読者の多くは、素朴な疑問を感じたのではなかろうか。「金《きん》の価値も労働時間？　金は希少性があるから貨幣に使われたんじゃないの？」と。そういう素朴な疑問は、物事を考える時おおいに大切である。

東大名誉教授である岩井克人氏は、かつてサントリー学芸賞を受賞した『貨幣論』（名著と言ってよいであろう）の中で、金貨の価値を労働価値説に求めるマルクスの論を、次のように一刀両断している。

金鉱堀りの汗水はまさに大海に流れこむ一筋の小川にすぎない。かれらが日々投入する労働の量が、人類の歴史がはじまって以来この世界のなかに蓄積されつづけてきた金の量全体の価値を規定するなどということは、イヌのしっぽがイヌの胴体をうごかすよりもはるかに困難なことなのである。

（岩井克人著『貨幣論』ちくま学芸文庫）

金鉱掘りの汗水（労働時間）なんて、金の価値の本質とはまったく関係がないというのである。多くの読者も納得されるのではないだろうか。

ただし、ここでポイントとなるのは金の希少性ということではない。多くの商品は、確かに先に述べた労働価値説である程度説明することができる。しかし、貨幣はそれでは説明することはできないというのがポイントである。

貨幣は商品ではないのである。「当たり前じゃないか」と思われる方も多いかもしれないが、実はマルクスに限らず、貨幣論において「貨幣商品説」というのは、貨幣を論じる歴史において長く主流派の立場にあった。「貨幣商品説」とは、貨幣とはそれ自体が価値を持つ商品をその起源とし、人々の間の交換活動の中から自然発生的に一般的な交換手段へと転化したという主張である。

岩井氏によれば、たとえば一四世紀のフランスの司教ニコール・オレームは、金銀とは「『古代よりその神秘的なる意義のために、多大の賢明さをもってえらばれきたったもの』であり、『もっとも貨幣に適するものである』」（同『貨幣論』）と説いたという。多くの読者の皆さんの頭に浮かんだであろう「金の希少性」云々も、この中世ヨーロッパのスコラ哲学者の発想とあまり変わらない。

しかし、歴史をたどれば貨幣は必ずしも金《きん》や銀ばかりではなかった。すぐ頭に思い浮かぶところでは、銅・鉄・鉛・アルミニウムなど金銀に比べると価値が低いと考えられる金属がある。次にイメージされるのは貝だろうか。それから米や小麦・大麦・イモ・トウモロコシなどの穀物、牛・豚・羊などの家畜、様々な種類の布、さらには動物の歯など、実に多様な物が貨幣として流通していたのだ。

これらが貨幣となったのは、なぜだろうか？　なんとなく、それなりの価値があって、流通や保存に適しているもの――という感じはする。では、本章冒頭で述べた「ポイント」はどうなのか？　仮想通貨「ビットコイン」はどうなのか？　これらを通貨足らしめているものは何なのか？

「紙幣は流通するから価値を持つ」

ここから、本格的に岩井氏の『貨幣論』に入っていこうと思う。改めて紹介するが、岩井克人氏は東京大学経済学部学部長・日本学術会議経済学委員会委員長といった要職も務めた当代随一の経済学者である。

順を追って考えていこう。私たちは「貨幣」というと、まず金や銀を思い浮かべた。そしてそれは希少性があり、価値があるからだと。しかし、金貨・銀貨の時代は終わり（そもそも世界史上にはもっと様々な貨幣があったわけだが）、その後、金本位制の下で金と引き換えることができる兌換紙幣が発行・流通されるようになった。しかし、二〇世紀に入って世界各国で金本位制の廃止が相次ぎ、最終的には一九七一年のいわゆるニクソン・ショックで金と米ドルの兌換が停止され、世界のすべての紙幣は金と引き換えることのできない——すなわち、裏付けのない——不換紙幣と呼ばれるものになったのである。

ちなみに、皆さんのお手元にある紙幣＝日銀券、これを見てもらいたい。精巧で見事な印刷ではあるが、ただの紙である。この一万円札の製造原価は、約二〇円だ。わずか原価二〇円の紙キレが、一万円の価値を持っているのだ。

では今日、金や銀はどうなったのか？　岩井氏は言う。「金や銀は、玉座から転落してしまい、一介の臣下、いやひとりの市民として（中略）上着やコーヒーと平等な地位にならべられている」（岩井克人著『貨幣論』ちくま学芸文庫）。

確かに、金《きん》も銀も今や単なる商品に過ぎない。投資に通じている方は、「商品市場」という言葉をご存知であろう。投資の世界でこの言葉を使う時は、スーパーやコンビニで売っている商品を意味しない。「コモディティ市場」という言い方もするが、世界中の様々な商品取引所のことを意味する。そこで対象とされているのは、金・銀・プラチナ・パラジウムなどの貴金属、原油・灯油・軽油・ガソリン・天然ガスなどのエネルギー、銅・アルミニウム・ニッケルなどの金属、トウモロコシ・大豆・小麦・砂糖、そしてコーヒーなどの穀物等々。まさに、金・銀はコーヒーと同じく一介の商品となったのである。

金・銀をバックに登場した兌換紙幣、それにとって代わった不換紙幣。この不換紙幣の出現を、岩井氏はこのように述べる。「この不換紙幣の発行とともに、ひとつの『奇跡』が成就することになる。『本物』の貨幣としての金貨のたんなる『代わり』として導入された紙幣が、その金貨になり代わってみずから『本物』の貨幣となってしまう『奇跡』である」（岩井克人著『貨幣論』ちくま学芸文庫）。かつて兌換紙幣の時は価値ある金の「代わり」に過ぎなかった。しかし、不換紙幣になった時、「本物」に変身したのだ。今日、一万円札の「本物」の価値を疑う日本人は誰一人としていない。どこでも通用する。原価はわずか二〇円であるにも関わらずだ。

ここで、ちょっとだけマルクスに戻ろう。マルクスというのはなかなか面白い人で、小難しい理屈をこねくり回して作り上げた理論は世界に文字通り「革命的」な影響をおよぼした揚句、今やすっかり古びた遺物となってしまったが、書かれた文章の中に時折見られる素朴な視点は意外にも真実・本質を穿っていて、現代においても通じることがある。

そんなマルクスは、紙幣に関してこんなことを言っている。「金は価値をもつから流通するのであるが、紙幣は流通するから価値をもつのである」（マルクス著　武田隆夫他訳『経済学批判』岩波文庫）。マルクスの時代には不換紙幣は存在しなかった。つまり、当時の紙幣はまだ金の裏付けがあったわけだが、しかしマルクスは紙幣の本質をさらりと語っている。「流通するから価値を持つ」――これこそ紙幣の本質であり、マネーの本質である。

無から有が生まれている

「流通するから価値を持つ」――このマルクスの言葉を、岩井氏はより本質をえぐる言い方で表現する。「貨幣が貨幣として流通しているのは、それが貨幣として流通しているからでしかない」（岩井克人著『貨幣論』ちくま学芸文庫）。

これらの言葉の意味を平たく言えば、貨幣というものは使えるから価値を持つということだ。使えなければ価値を持たない。大昔、通貨だった「貝」は今日、もちろん使えない。だから、通貨としての価値はない。戦前のコインや紙幣をコンビニで使おうと思っても使えないから、これまた通貨としての価値はない（金券屋ならそれなりの値で買い取ってくれるかもしれないが、それは通貨としてではなく、骨董品としてである）。マネーの価値の源泉は、ただ〝使える〟ということだけなのである。

当たり前と言えば当たり前だが、いきなりそう言われても「そうなの？」という念を拭い去ることはなかなか難しいかもしれない。しかし、今一度本章冒頭で取り上げたポイントや仮想通貨を思い起こしてもらいたい。あれらの価値の源泉は一体何か？――使えること。それしかないではないか。

岩井氏は前述のマルクス以上にそこのところを見抜き、丁寧に論を進めている。「貨幣という存在は、（中略）貨幣の位置を占めつづけていることさえできれば、それ自体が実体的な価値をもつ商品である必要はいっさいない」（同『貨幣論』）。使えるなら何でもいい。それ自体に価値（かつての金や銀のように）なんてなくてもいいということだ。岩井氏はさらに論を進める。「貨幣という存在はその商品としての価値が希薄になればなるほど貨幣としての純粋性を増していく」（同『貨幣論』）。不換紙幣からさらに〝進化〟したポイントや仮想通貨は、貨幣としての純粋性を増しているというわけだ。

岩井氏は〝進化〟した貨幣について、分析を進める。

貨幣という存在は、(中略)すぐさびついてしまう金属のかけらであったり、いまにも破れそうな紙切れであったり、一瞬のうちに消えさってしまう電磁気的なパルスであったりする、いわばものの数にもはいらないモノでしかない。それにもかかわらず、それ自体はなんの商品的な価値をもっていないこれらのモノが、世にあるすべての商品と直接に交換可能であることによって価値をもつことになる。ものの数にもはいらないモノが、貨幣として流通することによって、モノを越える価値をもってしまうのである。無から有が生まれているのである。

(中略)

われわれはいま、『本物』の貨幣としての不換紙幣の『代わり』としてコンピューターのあいだで瞬時にやりとりされるエレクトロニックス的な情報コードが、その不換紙幣になり代わってみずから『本物』の貨幣になりつつある光景を眼のあたりにしているのである。

(岩井克人著『貨幣論』ちくま学芸文庫)

岩井氏がこの『貨幣論』を著したのは一九九八年、今から一八年も前のことである。今日のポイントや仮想通貨の時代を見抜いていた慧眼といえるのではなかろうか。

貨幣の価値を支えている「共同幻想」

ここまで読んでこられた読者は、ポイントや仮想通貨は確かに「無から有が生まれる」ことによって誕生したことに納得がいったのではなかろうか。と同時に、一抹の不安も覚えられたかもしれない。元々は〝無〟なのだ。〝無〟から〝有〟が生まれて、使えているから価値を持っている……ように信じている。考えていくと、そんな〝有〟など、瞬時に〝無〟になってしまいかねないのではないか……。その疑問をさらに深めていくべく、岩井氏の言葉を読んでいこう。

――近年のコンピューター・ネットワークの拡大は、いくつかの経済ブロック化の動きにもかかわらず、全地球をますますひとつの貨幣圏へと統合しつつある。とりわけ、一九七一年八月におけるドルと金との交換停止宣言以来、わが人類は金が商品世界の究極的な価値の支えであるという有史以来の共同幻想を失ってしまっている。

（岩井克人著『貨幣論』ちくま学芸文庫）

「共同幻想」――五〇代、いや六〇代以上の読者にとっては、懐かしい響きを持つ言葉ではなかろうか。もちろん、全共闘に多大な影響を与えたあの吉本隆明の『共同幻想論』である。今ここで、難解な『共同幻想論』を深く取り上げるつもりはないが、吉本の「共同幻想」と岩井氏の言う貨幣の「共同幻想」を対比するのは意味がある。吉本は敗戦の痛手の中で、国家とは天皇とは……という「思想的悶着」（吉本自身の表現）の末にここにたどり着く。「国家は共同の幻想である。風俗や宗教や法もまた共同の幻想である。もっと名づけようもない形で、習慣や民俗や、土俗的信仰がからんで長い年月につくりあげた精神の慣性も、共同の幻想である」（吉本隆明著『共同幻想論』角川文庫）。国家も風俗も宗教も法も習慣も、みんな共同の幻想である――吉本はそうたどり着かざるを得なかったのであるが、現代の一般の読者にはなかなかついていけないかもしれない。ごく普通に考えて、仮にそれらが共同幻想であるとしても、生きた共同体があってこその共同幻想、さらにいえば神代からの歴史的共同体を背景とした共同幻想である（だからこそ、吉本は共同幻想の「拠るべき原典」として「種族の最古の神話的な資料の典型とみなし」て『古事記』を徹底して分析していくのである）。

それに対して、貨幣の共同幻想はどうだろうか。岩井氏は言う。

それは、伝統的な慣習や情念的な一体感にもとづいた通常の意味での共同体（Gemeinschaft）とはその様相をまったく異にしているのである。家族や村落や信者集団や民族国家などのばあいには、社会的な事実としての血縁や地縁や宗教的情熱や民族意識がまず先行し、それらの基礎のうえになんらかの共同性をもつ行動がひとびとのあいだに生みだされることになる。これにたいして、貨幣共同体のばあいには、貨幣を貨幣として使うというひとびとの行動に先行するなんらの社会的事実も存在していない。（岩井克人著『貨幣論』ちくま学芸文庫）

この断定はすごい。「貨幣を貨幣として使う」ことの前提となる何ものも存在していないと言うのである。「いきなりそう断じられても……」と怪訝に思う読者も多いことだろう。「現代であれば、やっぱり国家が先行して存在しているのではないか」と。しかし、今一度、仮想通貨を思い起こしてほしい。逆である。仮想通貨の方が先なのである。使えるようになった、流通されるようになった仮想通貨を、国家が後追いしているではないか。

岩井氏は貨幣が通用している社会のことを、このようにまとめる。

貨幣共同体とは、伝統的な慣習や情念的な一体感にもとづいている

のでもなければ、目的合理的にむすばれた契約にもとづいている（浅井隆注：営利企業のように）のでもない。貨幣共同体を貨幣共同体として成立させているのは、ただたんにひとびとが貨幣を貨幣として使っているという事実のみなのである。（岩井克人著『貨幣論』ちくま学芸文庫）

ある日突然、貨幣は使えなくなる！

岩井氏の『貨幣論』は、ここからいよいよ結論の「危機論」に向かっていく。危機とは何の危機か？　貨幣が貨幣であることをやめてしまう危機。〝有〟となっていた〝無〟が再び〝無〟に帰してしまう危機。ハイパーインフレによる資本主義解体の危機である。

貨幣が貨幣であるのは、それが今までも、そして今も、貨幣として使われているがゆえであり、またそのことによってこれからも使われていくであろうことが期待され（だから貯めるのである）、その期待によって今、ここで現実に貨幣として機能しているという「円環」による。しかし、その「円環」に対して、岩井氏は論理的帰結としての根源的な疑問を呈する。「だが、これはなんと危うい円環なのだろうか」（岩井克人著『貨幣論』ちくま学芸文庫）と。

そろそろ、岩井『貨幣論』の世界を閉じることにしよう。『貨幣論』の結末「危機論」から、少し長くなるがわが国最高峰の経済学者である岩井克人氏の予言、いや断言を引用しよう。

たんなる紙切れである一万円札がたんなる紙切れとしての価値をはるかにこえる一万円という価値をもっているのは、結局、それが紙切れそのものとしては一度も使われることなく、まさに一万円の価値としてひとりの人間からべつの人間へとそっくりそのまま手わたされつづけていくことが期待されているからなのである。無が有とひきかえられるモノの次元の一方的な不等価交換が、価値の次元における等価交換という装いのもとに、そっくりそのまま未来へと無限に先送りさ

れつづけていくことが期待されているからなのである。（中略）ここで重要なのは、貨幣を貨幣として維持していくこの未来への先送りが、文字どおりの無限の未来の人間への先送りでなければならないということである。たとえば、未来のある確定した日に「最後の審判」がラッパの音とともに告げられることが確実に知られているとしてみよう。もちろん、最後の審判の日が来てしまえば、次の日というものは存在しなくなる。一万円札を一万円の価値としてそっくりそのままひきうけてくれる人間がすべて地上から消えさってしまうのである。とうぜん、最後の審判の日には、もはや一万円の価値として手わたす未来の人間がひとりもいないその一万円札を、モノとして役だつ商品と交換にひきうけてくれるような奇特な人間は存在するはずがない。無が有とひきかえられる不等価交換は成立しえず、一枚の紙切れである一万円札はたんなる一枚の紙切れになってしまうはずである。ということは、最後の審判の一日前にも、つぎの日には一万円の価値として手わたす人間がひとりもいなくなる一万円札を、モノとして役だつ商品と交換にひきうけてくれるような奇特な人間は存在しえない。無が有とひきかえられる不等価交換は成立しえず、一万円札はこの日においてもたんなる一枚の紙切れになってしまうはずである。ということは、最後の審判の二日前にも、つぎの日には一万円の価値として手わたす人間がひとりもいなくなる一万円札を、モノとして役立つ商品と交換にひきうけてくれるような奇特な人間は存在しえない。……最後の審判の日から暦を逆にめくっていけば、この今というときにおいても、無が有とひきかえられる不等価交換は成立しえず、買い手の手にある一万円札は、一万円の価値として手わたす未来のほかの人間がひとりも存在しないたんなる一枚の紙切れでしかなくなってしまうのである。

（中略）

現実の世界においても、ひとびとが「異邦人」（浅井隆注：貨幣が通じない人のこと）との出会いから逃れられなくなってしまう事態がある。それが、ハイパー・インフレーションにほかならない。ひとびとがいっせいに貨幣から遁走していくハイパー・インフレーションの行く末では、貨幣を貨幣として受け取ってくれるひとはだれもいなくなり、そこから遁走すべきはずの貨幣共同体そのものが消滅してしまうのである。（中略）ひとびとの手元にある金属のかけらや紙のきれはしや電磁気的なパルスの痕跡は、金属のかけらや紙のきれはしや電磁気的なパルスの痕跡以外のなにものでもなくなっているのである。これはＳＦではなく、現実の世界における可能性なのである。ハイパー・インフレーション――それは、ひとびとの眼の前で貨幣を貨幣で「なく」してしまうことによって、貨幣が貨幣で「ある」ということが大いなる「神秘」であるということを、だれにもあきらかなかたちで示してくれる事態なのである。（傍点は浅井隆）

（岩井克人著『貨幣論』ちくま学芸文庫）

貨幣（ここでいう貨幣とは、もちろんコインだけを意味せず、コイン＋紙幣だけを意味するものではない。電磁気的なパルスの痕跡も含めてのマネー全体を意味する）そのものは、実は何の価値もない。金《きん》という共同幻想が崩壊した今、ただ単に「使える」ということだけが貨幣共同体の幻想を成立させているのだ。それがハイパーインフレによって、ある日突然通用しなくなる日が来るというのは、決してSFではないのである。

日本の社会保障制度・財政は持続不可能

本章の最後に、国債とは何かについても多少述べておかねばならない。なぜなら、貨幣の崩壊・マネーの崩壊をもたらすハイパーインフレと国債とは切っても切れない関係にあるからである。

「異次元緩和」――異次元、つまり前例のない異常な金融緩和政策はついにマイナス金利政策にまで達し、経済政策に関わる人たち、論じる人たちの頭をおかしくしてしまっている。中には、「日本国債は国際的に高く評価されているからマイナス金利なのだ」とか「ハイパーインフレなどあり得ない」と堂々と述べる人もいる。本当にそうであるなら、何の苦労も心配もない。しかし、これは普通の頭で考えてわかる常識が抜けてしまっている人間がこねくり回している理屈、妄言に過ぎない。

私は口を酸っぱくして言い続けているが、わが国の借金膨張が止まらないのは社会保障費（年金・医療・介護）の膨張による。少子高齢化などというのは、もう数十年前からわかり切っていたことで、本当ならそれを織り込んで社会保障制度の制度設計をしなくてはならなかった。しかし、制度を作った頃はまだお年寄りは少なく現役世代はたくさんいたから、政治家たちは票欲しさのために、現役世代が払う社会保険料をお年寄りに手厚く給付するという社会保障制度を作ってしまった。

今、「作ってしまった」と書いたが、現役世代がお年寄りの面倒をみるというのは、要は子供が年老いた親の面倒をみるというのを国家のシステム化したということであり、制度の趣旨としてはわかる。しかし、子供のない親は子供に面倒をみてもらうことはできない。面倒をみてくれと言っても、それは無理である。それが今、日本の国そのものの社会保障制度・財政に起こっていることなのだ。普通に常識を巡らせば、持続不可能なことは小学生にだってわかる。

二〇一七年、日銀が買える国債はなくなる

常識レベルでの理解——これがとても大切なのだが——の次に、日銀の貸借対照表（バランスシート）の推移を見ながら、国債とマネーとの関係について説明していこう。七二ページの図が異次元緩和直前、二〇一三年三月三一日時点での日銀の貸借対照表、七三ページの図が本稿を書いている段階では最新の二〇一六年四月三〇日時点での貸借対照表だ。

あまり会計や簿記に通じていない読者もいらっしゃるだろうから、貸借対照表とは何か、簡単にお話ししてから進めていくことにしよう。大雑把に言うと、

貸借対照表とは資産と借金の一覧表だ。家計でいえば、表の上側の資産の欄に自宅マンションが来て、下側の負債の欄に住宅ローンが来る。そんな感じだ。話を単純化して仮に全額住宅ローンで三〇〇〇万円のマンションを買ったとすると、上側の資産欄にマンション三〇〇〇万円が記載されて、下側の負債欄に住宅ローン三〇〇〇万円と記載される。

さて、異次元緩和前と直近とで日銀の貸借対照表を見比べてみると、大きく変わっていることが一目瞭然だ。まず、全体として膨張している。一六四兆円から四一〇兆円近くにまでなっている。資産も、また同時に負債も増えているということだ。その膨張の要因は何かとみていくと、はっきりしている。資産で大幅に増えているのは国債で一二五兆円から三五九兆円に二三四兆円近く増えている。負債の方はというと、当座預金が五八兆円から約二八四兆円に二二六兆円増えている。この二つが対をなしているのは明らかである。ここで、「当座預金」について説明しておこう。当座預金というのは、民間金融機関が日銀に預けている預金である。民間企業が民間金融機関に当座預金するのと同じように、民間金融機関は日銀に当座預金しているのだ。日銀からすれば、これは民間金融機関に返さなくてはいけないお金だから負債ということになる。

では、この大きな変化はどういうことを行なったことで生じたかというと、もちろん日銀が民間金融機関から国債を大量に買ったことによる。だから、日銀は国債という資産が二百数十兆円増えたのと同時に、民間金融機関に返さなくてはいけない当座預金という負債も二百数十兆円増えたのである。

こうしてみると、ただ単に日銀は資産も増え負債も増えた——それだけで何の問題もないようにみえる（ここでは、異次元量的緩和が民間貸し出し増にほとんどつながっていない、政策効果が表れていないという問題は置いておく）。しかし、実はこの動きの中にいろいろな問題が潜んでいる。

一つは、いつまでもこの両建ての膨張を続けることはできないということだ。なぜか？　日銀が民間金融機関から買える国債の玉が遠からず尽きるのだ。〝腐っても国債〟で、国債にはやはり担保価値がある。そういう民間金融機関の担保需要や生命保険会社のＡＬＭ（資産・負債総合管理。生保商品は契約期間が超長期なので、生保会社は多くを超長期国債で運用する）などを考慮すると、民間金融機関が保有国債をゼロにすることはあり得ない。日銀が買いたくても、民間サイドの事情からもうこれ以上は売れないという時が来るのだ。それはいつか？　ＩＭＦや日本経済研究センターが推計しているその時は、ＩＭＦの推計では二〇一七年から一八年、日本経済研究センターの推計では二〇一七年前半。もう目の前に迫っているのだ。

もう、日銀の国債引き受けしか手はなくなる

民間金融機関から買える国債がなくなったらどうするのか。日銀は国債買いをやめるのか。それはできない。今、日本の経済政策でできる唯一のことは異次元の金融緩和政策しかないと言ってよいからだ。「成長戦略！」などと勇んでみても、実効性のあるものはほとんど見当たらないし、では財政出動かといっても人手不足と資材の高騰で公共事業が予定通りに進まないのが現状である。

だから、日銀はまだまだ国債買いをやめるわけにはいかないのだ。

では、どうするか。民間金融機関から国債を買えないのなら、国から直接買う——いわゆる「日銀の国債直接引き受け」である。もう、それしか手はなくなるのではないだろうか。

日銀の国債直接引き受けとは、こういうことだ。国が借金をする→日銀がお金を出す→さらにまた国が借金をする→日銀がお金を出す……無限にお金は出て来る。そんなこと、本当にいつまでも続けられるの？　そんな不安を一掃すべく、こんな論者の話がさももっともらしく語られるようになる。「日銀は政府の一部だから政府はいくら国債を発行しても大丈夫だ」——この論理によれば、政府と日銀とは一体なのだから、政府の負債は日銀の資産と相殺される。税金など廃止してすべて国債で調達すれば無税国家ができる！

そんなウマイ話があるのか？……あるはずがない。これもまた、誰もが常識を働かせればわかることだ。しかし、識者と言われる人の中でも理屈をこねくり回してこんな話を正当化する人がいるのだから、今一度、貸借対照表の世界に戻ってそのおかしさを説明することにしよう。

日銀の貸借対照表を大きくみてみると、負債側の当座預金が資産側にある国債を支えている（住宅ローンがマンションを支えているように）。次に、民間金融機関の貸借対照表を考えてみよう。日銀の負債であった当座預金は、民間金融機関からすれば資産である。では、民間金融機関を支えているのは何であろうか？　それは私たちの預金である。私たちの預金が民間金融機関を支え、その民間金融機関の預金が日銀の国債保有を支えているのである。だから、もし本当に政府の負債と日銀の資産とを相殺するなどということになれば、それは最終的に民間金融機関に預けている私たちの預金の一部が消滅することにつながるのである。

こんなことは、貸借対照表がわかる人からみれば至極当たり前のことだ。にも関わらず、トンデモナイ妄論がまかり通り、トンデモナイ金融政策が次々と実行されていく。日銀は政府に言われるがままにお金を出す。その先に待ち受けているのはお金の価値の信用の喪失＝ハイパーインフレである。

思い出してほしい。そもそもお金の価値など共同幻想なのだ。崩壊する時は、あっという間だ。

ハイパーインフレの破壊の後には創造がある！

いろいろ悲観的なことばかり書いてきたが、私は絶望で終わりたくないので、本章の最後は希望で締めくくりたい。

そこで今一度マルクスに登場願おう。希望のためにマルクスに登場願うといっても、中国に倣えなどというのではない。先にも述べたように、マルクスの理論は現代においては時代錯誤のものとなっているが、理論に入る前のモノのとらえ方は本質をとらえていることがあるのだ。

マルクスは『資本論』の中で、人間の労働過程についてこのように説いた。

——

労働はまず第一に、人間と自然とのあいだの一過程である。（中略）人間は、自然素材そのものにたいして、一つの自然力として相対する。彼は、自然素材を、彼自身の生活のために使用しうる形態において獲得するために、彼の身体のもっている自然力、すなわち腕や脚、頭や手を動かす。この運動により、彼の外にある自然に働きかけ、これを変化させるとともに、同時に彼は彼自身の自然を変化させる。（中略）蜘蛛は織匠のそれに似た作業をなし、蜜蜂は蠟房の構造によって、多くの人間の建築師を顔色なからしめる。しかし、最悪の建築師でも、もとより最良の蜜蜂にまさるわけは、建築師が蜜房を蠟で築く前に、すでに頭の中にそれを築いているということである。労働過程の終わりには、その初めにすでに労働者の表象としてあり、したがってすでに観念的には存在していた結果が、出てくるのである。

（マルクス著　向坂逸郎訳『資本論』岩波文庫）

マルクスの理論は「史的唯物論」と言われる。しかし、人間は自然界の生物

と違ってまず心の中に頭の中にイメージし、それを現実に表して顕現させていく存在だと説くここの部分は、唯物論ではなくむしろ仏教（法華経）に説かれている「唯心所現」を想起させる。

この素朴な唯心論は、史的唯物論などよりはるかにわかりやすく首肯できるものである。蜘蛛は織物のような蜘蛛の巣を作り上げる。蜜蜂も素晴らしい構造の巣を作り上げる。自然の神秘といってもいいかもしれない。しかし、蜘蛛も蜜蜂も何万年も前から作るものは同じ形状である。新たなデザインの蜘蛛の巣など生まれたためしはない。しかし、人間は違う。何万年前の人間の巣＝住まいと現代の住まいとはまるで違う。何万年前どころか一〇年前と今とでもずいぶんと違っている。人間は心に描き、頭にイメージしたものを、どんどん生み出していける。無限に。そこが自然界の他の生き物と根本的に違うところなのだ。描いたものを実現して進歩し続ける――それが人間なのである。

いつかはわからないが、遠からずハイパーインフレはやって来るであろう。経済は大混乱に陥るだろう。しかし、人間は今までの歴史においても様々な苦難を乗り越えるべく、新たなものを創り出してきた。それが、人間という存在なのである。

私はそういう人間を信じる。だから、どんな事態が生起するかわからないハイパーインフレは確かに恐ろしいが、根本においては楽観しているのである。破壊の後に、創造があると。

第五章　海外からの警告

インフレ率は三五・二%から「七〇〇%」へ

「ベネズエラでハイパーインフレが生じる可能性が出てきた」（二〇一三年六月一〇日付英フィナンシャル・タイムズ）——この記事が報じられた当時（二〇一三年五月）のベネズエラのインフレ率は三五・二%であった。それから、およそ三年。本稿執筆時点におけるベネズエラのインフレ率（二〇一六年予測）は約七〇〇%に達しようとしている。日本ではあまり報じられていないが、かの地で暮らすベネズエラ国民の困窮ぶりは私たちの想像を絶するものだ。

「ベネズエラ西部にある病院は最近、経済危機による恐ろしい代償を支払うことになった。六人の乳児が医薬品や人工呼吸器が足りないために死亡したのだ」（二〇一六年二月一六日付米ウォールストリート・ジャーナル）。資源国であるベネズエラ（輸出の九五%を原油が占めている）は、昨今のドル高と原油安によって典型的な経済危機に苦しんでいる。外貨の著しい不足によって国内では食糧や水といった物資不足が常態化、薬に至っては必要な分の九割が不足している状況だ。「ロザルバ・カステラーノさん（七四）は先週、何であれ手に入る食品を買うために何時間も列に並んだ。国民にとって、長蛇の列に並ぶことは毎日の絶望的なルーティンになっている。彼女が買えたのはわずか二リットルの食用油だけだった」。カステラーノさんは同紙の取材に対し「トイレットペーパーかコメ、パスタが買いたかった。でも見つからなかった。政府は私たちに残酷な苦痛を味わわせている」と不満をこぼす。そして記事はこう締めくくっている――「彼女に唯一残された選択肢は価格がつり上げられた闇市で品物を探すことだ」（二〇一六年二月一六日付米ウォールストリート・ジャーナル）。

記事が指摘しているように、ベネズエラではスーパーなどの商店の棚にほとんど物がない。ベネズエラの国家運営は、原油を売って得た外貨で食糧などを輸入するというスタイルだ。食糧自給率はかなり低い（農林水産省によると、二〇一一年における同国の穀物自給率は四〇％。日本は二八％）。それでも原油価格が高止まりしている間は問題なかった。しかし、昨今の原油価格の下落によりベネズエラの国家運営は完全に行き詰まる。外貨収入が激減したことにより、物資不足が常態化するようになった。

さらに悪いことに、ベネズエラでは国内の財政赤字を中央銀行がファイナンスするようになり通貨発行量が急増。これが物資不足と相まってインフレ率が急激に上向いた。同国のインフレ率は、二〇一三年頃から加速。二〇一四年には六〇％台に乗せた。二〇一五年末、ベネズエラのニコラス・マドゥロ大統領はそれまで秘密にしてきたインフレ率を「一〇〇％に近い数字」だと公表している。もちろん、この発表を信じるものなど同国にはほとんどいない。所詮は為政者の方便だ。

ハイパーインフレの専門家として名高いケイトー研究所のスティーブ・ハンキ氏は、英フィナンシャル・タイムズ（二〇一五年一月六日付）に対し、二〇一五年のインフレ率は三八二％に達したという試算を提示している。ベネズエラのインフレ率に関しては多くの試算があるが、どんなに低くとも二〇〇％前後には達したというのが大方の見解だ。

国民の困窮ぶりは時を追うごとに激しさを増すが、それでもマドゥロ大統領の暴挙が止まる気配ない。二〇一六年初には中央銀行の理事を任命・解任する権限を含め、中央銀行に対する議会の監督権を剥奪するという大統領令を下した。要は、中央銀行の独立性を著しく侵害するという暴挙に打って出たのである。「中央銀行に対する完全な大統領裁量権限は、ベネズエラがハイパーインフレに陥るための究極の手段だ」（英フィナンシャル・タイムズ二〇一五年一月六日付）――ベネズエラ人経済学者でハーバード大学の客員教授を務めるフランシスコ・モナルディ氏はこう話す。指摘の通り、とりわけ新興国などでは中央銀行の独立性を脅かす行為がインフレ率の上昇に大きく寄与する場合が多い。実際、ＩＭＦ（国際通貨基金）はマドゥロ大統領の措置を受けてベネズエラのインフレ率が二〇一六年に七二〇％に達すると推計を出した。米バンク・オブ・アメリカの上級エコノミストであるフランシスコ・ロドリゲス氏に至っては、前出の英フィナンシャル・タイムズにおいて「インフレ率が四ケタに達する」と予想している。

「ヘリコプターマネー」という財政ファイナンス

当たり前の話だが、一章でも述べたように一部から導入が期待されているヘリコプターマネーは財政ファイナンスである。中央銀行が政府の財政赤字を手当てするのだ。財政ファイナンスでないわけがない。「第一次世界大戦後ドイツのように超インフレーションが発生する可能性がある」（中央日報二〇一六年四月一八日付）にも関わらず、一部の識者は公然とヘリコプターマネーを導入するよう声を上げている。

もちろん、ヘリコプターマネーを実施すればハイパーインフレが一〇〇％起こるということではない。現在の日本には数兆円規模のデフレギャップ（需要不足。すなわち供給過剰に陥っているという意）が存在するため、「日本で悪性インフレなど起きようがない」と断言する有識者もいる。しかし、楽観はできない。いくら供給が足りている状態でも財政ファイナンスは高インフレを発生させる恐れを十二分に秘めている。たとえば、戦中・戦後の日本がよい例だ。戦前の日本には現在のような深刻なデフレギャップが存在していたにも関わらず、財政ファイナンスの出口戦略に失敗したことで最終的に戦時インフレが起こっている。

一九三〇年頃の日本経済は、世界恐慌のあおりを受けて設備・生産（供給）が過剰になり物価が下落。街は大量の失業者で溢れかえった。俗に言う昭和恐慌である。状況を重く見た時の蔵相・高橋是清は、デフレギャップを埋めるべくリフレ政策を導入した。一般に「高橋財政」として知られているこのリフレ政策は、低金利、為替の管理（通貨安政策）、積極財政を軸としている。そして高橋は、積極財政を実行するために一時的に財政ファイナンスを容認した。この「高橋財政」によって日本経済は見事なまでに浮揚する。日銀（金融研究所歴史研究課）によると、一九三二〜一九三六年のＧＮＰ（＝実質国民総生産）は年平均六・一％の成長を記録。インフレ率も一・五％程度に収まっていた。

ところが、これに軍部が目を付ける。リフレ政策が成功したことから、「日銀が軍備を賄えば良い」と安易に考えたのだ。高橋や日銀当局はリフレ政策による軍事費膨張は最終的にインフレを発生させると抵抗したが、高橋は一九三六年に暗殺されてしまう（二・二六事件）。これで完全に歯止めが効かなくなった。一九三二〜一九三六年の国債発行額（平均）は七〜八億円であったのに対し、一九三七年度の発行額は二二億三〇〇〇万円にまで増加。これにより、一九三七〜一九四〇年のインフレ率（年平均）は一一・九％にまで上昇している。ご存知の通り、この戦時インフレは戦後にはハイパーインフレと化した。その原因は、日銀が戦後に復興金融公庫債を引き受けたことにあるとされている。

当時から得られる最大の教訓は、「財政ファイナンスはなかなか止められない」ということだ。日銀研究所の鎮目雅人氏（課長）は、「いったん、中央銀行による国債引き受けを始めると財政支出の増加に歯止めが効かなくなり、国債の日銀引き受けの額が膨らんでくると、市中に売却しきれなくなり、インフレにつながった」（英ロイター通信二〇一一年七月二〇日付）と高橋財政を総括。「当初はうまくいっても日銀引き受けという制度を導入することでいずれ制御不能のインフレを招く」と断じた。

ここで再び強調しておくが、導入が期待されているヘリコプターマネーは財政ファイナンスである。戦前と同様、出口戦略に失敗すれば相当な確率で高インフレが誘発される可能性が高い。

高橋是清も無制限に日銀が国債を引き受けることになれば、インフレが誘発されるということは認識していた。そのため、財政ファイナンスという禁じ手はあくまでも非常時の措置であり、財政赤字を無制限に膨張させることについては明確に反対の姿勢を示していたのである。

ところが、軍部は「日銀が国債を引き受ければ財政赤字はいくらでも膨張しても問題ない」と勘違いした。高橋が死ぬまではインフレが顕在化しなかったため、いくらでも財政赤字を計上しても大丈夫だと認識したのである。だからこそ、過度な財政赤字の膨張に反対していた高橋を殺害。かくして高橋財政の出口戦略は失敗に終わり、国民を苦しめる高インフレが誘発されたのである。

ところで、なぜ高橋の存命時はインフレが顕在化しなかったのであろうか？

それは、一九三五年までは日銀が引き受けた国債を市中で売却できたからである。言い換えると、一九三五年までは日銀は正式に財政ファイナンスを実行していたわけではない。

財政ファイナンスは通常、日銀がお金を刷って政府が新たに発行した国債を買う。そしてお金を得た政府が公共事業なり軍備の拡張に投じる（ヘリコプターマネーの場合は国民に支給する）。そのため、日銀が刷ったお金は回収されない。だからこそインフレにつながる。ところが一九三五年までの日銀は、お金を刷って政府から国債を買った後にその国債を民間に売却した。そのため、刷ったお金が結果として日銀の元に返ってきたのである。だからこそ、インフレが顕在化しなかった。「そうだとしたら最初から政府が発行した国債を民間が買えばいいじゃないか」と思うかもしれない。しかし、当時の日本の状況は複雑で、高橋は一時的な日銀による直接引き受けを選択したのである。

まず、当時の日本国債が海外でジャンク扱いされていたということが一点。これでは海外投資家に日本国債を売ることは難しい。また、国内の債券市場も未発達であったために、大規模な国債を消化するには適していなかった。

民間に国債を売るのが難しかったため、高橋は積極財政を実行する手段として一時的な日銀による直接引き受けを容認。それと同時に準戦時体制という名目で国内の国債消化策を強化。インフレを起こさないためにも（日銀が発行したマネーを回収するためにも）、日銀が保有する国債を半ば強制的に国内の民間投資家に購入させた。高橋は、放漫財政のために財政ファイナンスを実行したわけではない。

こうした状態が一九三一～一九三五年まで続いた。この時までは正式な財政ファイナンスではなかったが、それでも問題が生じなかったわけではない。やはり深刻な副作用が生じた。それは国債バブルである。そして、高橋も当時の日本国債がバブル状態にあるということを明確に認識していた。だからこそ、一九三五年に日銀が引き受けた国債を市中で売却するのが難しくなった時に国債発行を減額するという出口戦略を打ち出したのである。言い換えると、高橋はこの時点で政府の国債発行規模が日本経済の体力を上回ったと認識したのだ。

高橋は何かのきっかけで国債バブルが弾ける事態を案じていたと言ってよい。しかし、国債発行の減額に軍部が反発。最終的に高橋は軍部の凶行により斃れてしまう。

高橋の死後、一九三七年には日中戦争が勃発。日中戦争を皮切りに、日本は準戦時体制から戦時体制に移行。それにともない国内の国債消化策はより強化されることとなった。この場合の強化とは、民間に買い手がいないのであれば「日銀がそのまま持っていればよい」（マネーを回収しなくてもよい）という正式な財政ファイナンスへの移行を指す。そのため、一九三七年からは戦時インフレが顕在化した。

高橋財政には「財政ファイナンスを利用した放漫財政」というイメージを持っている人が少なくないが、高橋が財政規律を重んじていた点は興味深い。高橋は、無茶をやり過ぎると手痛いしっぺ返しを受けるということをはっきりと認識していたのだ。

詳細な手段こそ違うが、日銀が市中を通して大量の国債を購入している現在は、まさに一九三二～一九三五年頃の状況と似通っている。インフレが顕在化していないという点も同じだ。その理由の一つは、まだギリギリのラインで財政規律が保たれていることにある。しかし、この先も財政規律が守られ続けるという保証はない。戦中の軍部が勘違いしたように、現在の当局が低金利は永続的に続くと勘違いして財政赤字を無制限に膨張させる恐れは十分にある。

二〇一六年四月、金融経済の歴史に詳しい伊藤正直氏（東京大学名誉教授）は日本記者クラブで「日銀のマイナス金利」をテーマに講演した。伊藤氏はその中で、「日銀による大量国債引き受けの結果、『国債バブル』が発生している」と指摘。続けて、「このままでは中長期的に大変なことになる」（レコードチャイナ二〇一六年四月八日付）との認識を示した。さらに同氏は戦時中の状況を引き合いに出し、次のように述べている。

戦前の高橋是清蔵相時代の、一九三二年七月以降、金利を次々に下げた。引き下げが出来なければいつ暴落してもおかしくない状況だったが、統制国家の政策手段である『国債標準価格制度』を同月にスタートさせた。これにより終戦直後まで暴落を防いだが、当時は市場経済ではなかったから可能だった。一九三二年一一月に日銀の国債引き受けが始まり、戦後、破局するまで一三～一五年かかっている。今日本で国債発行額のＧＤＰ比は、ギリシャ以上の悪い段階になっている。極めて危機的な状況であり、いつ暴落が起きても不思議ではない。日銀は『出口戦略』を早急にスタートさせるべきだ。

（レコードチャイナ二〇一六年四月八日付）

バブルは必ずいつか弾けるもので、そのときのためにも、現在のような低金利の間に財政再建を図らなくてはならない。しかし、現在の日本は財政再建に向かうどころか、財政ファイナンスの方に片足を突っ込んでいる。

一九三〇年代の高橋財政も当初は政府の財政赤字をファイナンスすることが目的ではなく、あくまでもリフレ（インフレの創出）を最大の目的として実施された。しかし、戦時中ということもあって軍部が主導権を握ってからはあからさまなまでの財政ファイナンスに変貌。敗戦を経て、ハイパーインフレという最悪の結果につながった。

現在のアベノミクスもリフレを最大の目的としている。しかし、社会保障費の膨張に税収が一向に追いつかず、財政規律は緩んだままだ。財政再建が一向に達成されなければ、現行の金融政策は金利の上昇をともなう出口に向かうことができず、むしろ財政ファイナンスの領域に踏み込んでいく可能性が高い。そう考えると、ヘリコプターマネーなどの政策が実行に移されるリスクは十二分にある。ヘリコプターマネーも、当初でこそ非常時の措置として講じられる可能性が高い。しかし一九三六年以降の日本がそうだったように、この非常措置は常態化してしまうだろう。財政規律が失われた状態では、金融政策の出口を模索しようにも実質的にはそれが不可能だからだ（金利が上昇すれば多額の債務を抱える政府がたちまち窮地に陥る）。すなわち、足を踏み入れたが最後、走り続けるしかない。

戦時インフレ（一九三七〜一九四〇年）のインフレ率（平均）は一一・九％であったが、現在でそれほどのインフレが起きれば私たちの生活はたちまち困窮するだろう。しかも、ヘリコプターマネーは国民に直接お金をバラ撒くという点で戦中の財政ファイナンスよりもインフレ率を押し上げてしまうかもしれない。さらには、当時と違って現在は為替市場で日本円を自由に売ることができる。円安によるコスト・プッシュ・インフレの影響も計りしれない。

英ＨＳＢＣは、現在の日本でヘリコプターマネーが導入されれば、「実体経済が回復しないまま、デフレからハイパーインフレになる」と警告しているが、あながち杞憂ともいえない。ヘリコプターマネーに関しては、日銀だけでなくＥＣＢ（欧州中央銀行）のマリオ・ドラギ総裁も「興味深い」と将来的な導入を匂わすような発言をしているが、これにはドイツが猛烈に反対している。ドイツは第一次世界大戦後に財政ファイナンスによって極度のインフレに襲われた経験から、一貫して反対の立場だ。

現在ハイパーインフレに苦しんでいるベネズエラも、通貨安による（コスト・プッシュ）インフレに加え、マドゥロ大統領が中央銀行の独立性を侵害したことでインフレ率が急激に上昇した。ヘリコプターマネーも、政府が日銀の独立性を侵すという点で変わりはない。要するに、絶対に踏み込んではならない領域だ。

一方、ドイツ銀行で外国為替調査の共同責任者を務めるジョージ・サラベロス氏らは二〇一六年四月一五日に発表したレポートで、「日本は炭鉱のカナリヤ」だと指摘。日本で財政ファイナンスが実施される確率は、大方の予想よりも「高い」と分析する。

国家の金融・財政政策という視点では、私たちはもはや戦中さながらの状況に生きていると言ってよい。

政府債務の強制的削減が実施される⁉

「今日では多くの国々において、金融抑圧、マネタイゼーション、インフレ、そして債務再編といった手法が組み合わされて使用されることが確実であるように思われる。経済成長のスピードが速くなればなるほど、そのような結果に至る公算は小さくなる。人口動態と債務の多さを考えれば、日本が抱える課題は特に困難だ」（二〇一五年一月一五日付英フィナンシャル・タイムズ）——英フィナンシャル・タイムズの論説委員マーティン・ウルフ氏は、このように恐ろしいことを口にする。「世界経済の仕組みに関して知らないことはない」と米ニューズウィーク誌に書きたてられたウルフ氏。そんなウルフ氏が、多くの国で半ば強制的に政府債務が削減される可能性について言及しているのだ。これはただごとではない。

マイナス金利など前例のない金融政策の効果が疑問視される現在、主要国の間ではさらなる財政出動を求める声が上がっている。停滞期には緊縮財政ではなく「財政出動による需要の創出しかない」という論理もわからなくもないが、ただでさえ過剰債務（オーバー・レバレッジ）に苦しむ先進国がさらに債務を積み上げることが妥当かどうか。

恐るべきことに、二〇〇七年以降、世界全体の債務（政府、家計、民間企業の債務）はＧＤＰ成長率を一七％も上回るペースで拡大している。アジア圏に代表される新興国では、経済が減速しているにも関わらず民間セクター（家計、金融部門を除く企業）の債務が拡大。先進国では経済成長を上回るペースで政府債務が膨張している。率直に言って、こうした状況は持続不可能だ。確かに財政出動は経済成長に寄与するが、日本の一九九〇年代を見てもわかるように、政府支出はほとんどの場合で一時的な効果しかもたらさない。その結果、日本には世界でトップクラスの債務だけが残った。

世界的に起きている経済の長期的な停滞の原因は、何も先の金融危機（リーマン・ショック）にだけあるのではない。高齢化など構造的な要因も多く寄与している。そのような状況下で債務をさらに膨らませるのはあまりにも安直だ。正直、かなり危険だと言える。現在は経済成長を底上げせよという議論ばかりがなされているが、中長期的にもっとも大事な点は「返済能力」の有無だ。返済能力がないのであれば、為政者は否応なくヘリコプターマネーなどの財政ファイナンスを強いられる。つまり、インフレによる解決が図られるということだ。

世界最悪水準の借金国として

世界的に財政ファイナンスに注目が集まる中、先進国では唯一、ドイツが猛烈に反対している。第一次世界大戦後に財政ファイナンスによって強烈なインフレに見舞われた経験からだ。

ウィーン在住のコンサルタント・茶野道夫氏によると「ドイツでは、『借金』は『罪』と書く」という。同氏は「日本では、消費税の引き上げなど国民に新たな負担を強いる政策を導入するのは、政治家にとって至難の業。だが、ドイツでは、逆に政治家が財政赤字を前提に新政策をとるのを国民に納得させるのは極めて困難である」と日独の差を指摘。続けて、「借金は、ドイツ語でSchuldenと呼ばれる。Schuldという単語の複数形である。Schuldには罪という意味がある。この言霊のせいか、ドイツ人は不要に借金をすることを恐れる。ことのほか、国が不要に借金を増やすことを警戒している」（ニュースソクラ二〇一六年四月一九日付）と述べている。そして、ドイツ人の最大のトラウマは第一次世界大戦後の高インフレだと伝えた。

念のため断わっておくが、「債務が増加する」ということは絶対的に悪いことではない。「債務」と聞くと何か悪いことのように思う方もいるかもしれないが、それは誤った認識だ。むしろ、経済が成長するためにはある程度の債務増加を容認しなければならない（だからドイツはユーロ圏の他国から非難されている）。たとえば、企業が銀行から融資を受けて設備投資することや個人がクレジットカードの信用枠を使って消費をすることは間違いなく経済成長に寄与する。政府部門の支出も同様だ。

問題は行き過ぎた債務（過剰債務＝オーバー・レバレッジ）である。過剰債務は経済成長の足かせとなるばかりか、最終的に経済危機を誘発する場合がほとんどだ。インフレなどの危険をともなわずに債務を永遠に続けることなどできない。世の中はそんなに甘くないのだ。

ＩＭＦ（国際通貨基金）の前チーフエコノミストであるオリビエ・ブランジャール氏は、二〇一六年四月一一日付の英テレグラフ紙で日本の政府債務についてこんな警告を発している――「日本の公的債務は今年ＧＤＰの二五〇％に達する可能性が高く、維持不可能な経路を急上昇している。（中略）日銀に財政を直接賄うことを要求する政治的圧力は高まっていき、その時日本はデフレからインフレ的な結末に急転する危険がある」。そして、「いずれ財務省が日銀に直接引き受けを要請することはほぼ確実だ」としたうえで「それは最終的には高インフレにつながります。今後五～一〇年の間にそうしたことが起きたとしても私は驚かない」（英テレグラフ二〇一六年四月一一日付）と述べた。

何事にも限度がある。その限度を超えてしまえば、確実に副作用がともなう。私たちは、日本の政府債務が、先進国の歴史の中でももっとも高い水準にまで膨れ上がってしまっているということを忘れてはならない。

第六章　日銀破綻で何が起きるのか

借金で日本経済は回復しない

ここまで読んでいただき、いかに日銀が危機的状況にあるか、恐ろしくなるほどご理解いただけたことだろう。

ところで、株価は最近不安定とはいえ、日本経済はここ三、四年ほど調子がいい。上場企業は最高益を更新し、税収もおおいに増えて一年当たりの政府の借金の額も大分減った。特に五年前と比べたら、本当に同じ国かと思えるほど、状況は変わった。東京都心はビルとマンションの建設ラッシュで、工事用の人手がまったく足りない。また、山手線内の地価もどんどん上昇していて、五年前とは様がわりだ。

国の借金の状況についても、一時より大分改善している。たとえば二〇一五年度の国の税収も五六兆円台に達し、一九九一年度以来二四年ぶりの高水準だ。これは好調な企業決算で法人税収が膨らんだためで、企業の配当増から所得税

日本経済はここ数年、好調だ

国の税収56兆円台前半

今年度、24年ぶり高水準

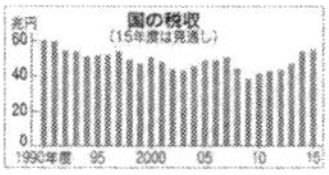

日本経済新聞
2015年12月1日付

国債依存９年ぶり低さ

発行35兆円前後に

来年度予算案、税収増で

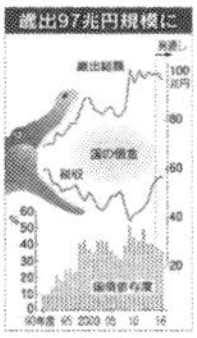

金利低下 一段と

↑
日本経済新聞
2015年12月3日付

新規国債34.4兆円に減

地方支援特例を廃止

来年度予算案　歳出最大、96.7兆円

2016年度予算の大枠が固まった

		16年度	15年度（当初）
歳入	税収	57.6	54.5
	税外収入	4.7	5.6
	新規国債	34.4	36.9
歳出	一般歳出	57.8	57.4
	地方交付税	15.3	15.5
	国債費	23.6	23.5
	総額	96.7	[illegible]

（注）単位は兆円、四捨五入で数字が合わないことがある

→
日本経済新聞
2015年12月20日付

収も増えている。最終的に財源となる一六年度の税収は五七兆円前後となりそうで、その結果、新規国債は三四・四兆円に減る。これは、過去の実績と比べて八年ぶりの低水準である。国債依存度も、三六％と九年ぶりの水準に下がる。七年前の二〇〇九年度は、国債依存度が五一・五％に達していたことを考えると、大変な改善といえる。

ではなぜ、そうなったのか。その理由こそ、アベノミクスである。アベノミクスのからくりは簡単だ。為替の円安誘導と日銀による無茶苦茶な金融緩和によって輸出企業の利益をかさ上げし、株価と地価を上昇させて、政府の借金が爆発する前になんとか成長路線を確固たるものにして、ギリギリ逃げ切ろうという作戦だ。

では、この作戦は本当に成功するのか。答えは「ノー」だ。「えっ⁉」と皆さんは思われたことだろう。「だって、ここまでこんなにうまくいってるじゃないか」と言いたいだろう。はっきり申し上げよう。この一見浮かれた景気は、あくまでも「見せかけの回復」に過ぎない。理由もいたって明白だ。そのすべての根源が中央銀行である日銀の超大盤振る舞いにあるからだ。日銀が、年間八〇兆円も気が狂ったように国債を買いまくり、株価を支えるために株式ＥＴＦもごっそり買い占め、不動産を上げるためにＲＥＩＴまで買うという有り様だ。

もし日銀というつっかえ棒がなくなったら、日本経済は明日にも大パニックに陥るだろう。日本経済は本当に自らの体力が付いて良くなったわけではなく、日銀が異次元緩和という〝強力な麻薬〟を打ち続けることで良くなったような気分（というより錯覚）になって、元気なフリをしているだけなのだ。

今回の状況について海外からは恐ろしい評価がなされている。「借金で経済が回復するとしたら、こんなに簡単なことはない。世界の歴史上に借金で経済が本当に回復し、成長した例というのは一度もない。本当に経済が成長するためには古いやり方と決別し、民間がイノベーションを創り出すことが必要だ。今の日本には政府に頼るばかりで、そうした力がない」。「うーん」とうなるしかない。私達の日本経済の真の姿をとらえていると言ってよい。やはり、現在の景気は「見せかけの回復」に過ぎないのだ。あと、二、三年はなんとかもつかもしれないが、その後は大変なコトになるだろう。

その理由も明解だ。二〇二〇年を少し超えた頃には、国の借金がＧＤＰの三〇〇％になっているだろうし、しかもそのはるか以前に日銀の資産がＧＤＰを超えているからだ。この二つの原因によって「通貨の暴落」と「国債の暴落」という、とんでもない事態がいずれスタートすることだろう。その時期は今から正確に予測することは不可能だが、どんなに遅くとも二〇二二年までには始まっていることだろう。今からたったの六年後のことだ。つまり、東京オリンピックの直後には、大変なコトが始まっているかもしれない。

日銀が政府の赤字を穴埋めしている

では、話を日銀に絞って展開していきたい。なんと、日銀の総資産が二〇一六年に四〇〇兆円を超えたのだ。これは由々しき問題だ。資産といえば聞こえが良いが、今回のアベノミクスの例を見ればわかる通り、政府の借金が増え過

将来、大変なコトが起こる理由

1 国の借金がGDPの300%となる

2 日銀の資産がGDP（500兆円）を超える

ぎたために日銀が肩代わりして国債その他を大量購入した結果、資産が大きくなったわけで、今はいいがもし政府の借金が大きくなり過ぎて国債の価値が傷付いたら、日銀がその資産もろとも地獄へ堕ちていくことを意味する。

そして、その時は国民の資産も道連れだ。私たちにとっては、たまったものではない。しかも、アベノミクスを成功させるために日銀は毎年八〇兆円もの国債を買わされ続けている。これは、まさに異常なことだ。それを証拠付けるように、二〇一五年年末の日本経済新聞に次のような意味深長な記事が掲載された。「国債保有　日銀が民間超え」というタイトルに続いて、次のような驚くべき内容のリードが載っている。

日本国債の保有額で、日銀が年内にも民間銀行を約四〇年ぶりに逆転する見通しだ。日銀は国債を大量に買う量的・質的金融緩和を続けている。メガバンクは国際規制強化の流れを受け、国債の保有を減らしており、この一年で計一三兆円の国債を売った。この逆転現象は当

面続く見通しだ。日銀が金融緩和を縮小し、国債保有を減らす際に買い手不在で国債価格が下落（金利が上昇）するリスクも高まっている。
（日本経済新聞二〇一五年一二月一二日付）

さらに本文では、わが目を疑うような内容が登場する。

米連邦準備理事会（ＦＲＢ）の米国債の保有は二割弱なのに対し日銀の国債保有シェアは年内に三割を超える見通しだ。購入額も国債の新規発行の二倍以上の規模で、政府の赤字を中央銀行が穴埋めする財政ファイナンスの色合いも増しており、財政や通貨の信認が傷つく恐れもある。
（日本経済新聞二〇一五年一二月一二日付）

つまり、今、日銀がやらされていることは政府の赤字を穴埋めするために政府の借金のカタである国債を大量購入しているということなのだ。そしてその結果、「財政や通貨の信認が傷つく恐れがある」とはっきり書かれている。

これは何を意味するのか。財政の信認が傷付けば国債の信用も落ち、国債が暴落し金利が急騰する。そうなると、国債を大量に資産として保有している日銀が吹き飛ぶことになる。それだけではない。国債を保有する金融機関——銀行、生保、ゆうちょ銀行も大損害を被り、不安になった預金者や投資家が窓口へ殺到し取り付け騒ぎが起こるだろう。結果として、政府そのものも危なくなってしまう。国債暴落で金利が急騰するため、すぐにではないが時間差攻撃で返済する利息分が大きく増えて予算の大半を占めるようになり、国家破産へと突き進むことになる。

日銀の健全性が損なわれると、国民負担が増える

では、その次の通貨の信認が傷付くとはどういうことか。中央銀行が国債を買うということはその分の通貨（マネー）をバラ撒くのと同義であり、あまり

やり過ぎると通貨――すなわち円が希薄化してしまう。もっとわかりやすく言うと、通貨としての円の価値が下がってしまう。その当然の結果として、円が暴落してしまうのだ。インフレ、ハイパーインフレ、そしてすさまじい円安だ。そうなれば国民だって対抗手段としてドルに換えたり、海外へ資産を逃がそうとする。すると政府だって黙ってはいない。それが行き過ぎると、大量出血と同じで経済が突然死を起こしてしまうからだ。いよいよ「資本規制」の登場だ。ギリシャやキプロスで行なわれたような、銀行休止や引き出し制限の実施だ。
　そこで、先ほどの二〇一五年年末の日本経済新聞の記事に戻ろう。

　日銀は物価目標の達成時期を「二〇一六年度後半ごろ」としており、年明け以降も大量の国債購入を続ける公算が大きい。同じペースで国債を買い続けると市場から国債が消える可能性がある。国際通貨基金（IMF）は八月、日銀の国債買い入れが一七～一八年に限界を迎えるとのリポートを公表した。日銀が大胆な金融緩和を続けられるか微妙

な段階に入りつつある。（日本経済新聞二〇一五年一二月一二日付）

この中で衝撃的なのは「ＩＭＦが日銀の国債買い入れが二〇一七〜一八年に限界を迎える」とのレポートを公表したという点だ。もう、そんなに先のことではない。この本が発刊されるのが二〇一六年の初夏のことだから、その時点から見て一、二年後に大転換点がやって来るということだ。下手をするとそれが原因でアベノミクスが引っくり返り、それからすぐにではないにしてもその時点から二、三年後には、つまり二〇二〇年の東京オリンピックの頃には国債も暴落し、円も急落し、国家破産の最初の症状が始まっているかもしれない。

同記事は、次のように締めくくっている。

金融緩和が出口を迎えた後の日銀の財務への懸念もある。金利が上がり始めれば、日銀が金融機関に支払う利払い費が膨らむ一方、抱え込んだ低利の国債からの利息収入はなかなか増えないため、収益が悪

国民負担の増加の可能性を警告する

国債保有 日銀が民間超え

年内にも 3メガ銀、13兆円売却

日本国債の保有額で、日銀が年内にも民間銀行を約40年ぶりに逆転する見通しだ。日銀は国債を大量に買う量的・質的金融緩和を続けている。メガバンクは国際規制強化の流れを受け、国債の保有を減らしており、この1年で計13兆円の国債を売った。この逆転現象は当面続く見通しだ。日銀が金融緩和を縮小し、国債保有を減らす際に買い手不在で国債価格が下落（金利が上昇）するリスクも高まっている。

緩和 出口にリスク

3メガバンクの国債保有額は9月末時点で56兆円。1年で2割減った。3月末と比べても三菱UFJフィナンシャル・グループが5兆円減らして29兆円。みずほフィナンシャルグループも2兆円減らし15兆円になった。

主要国の金融当局の間では国債の金利変動リスクを考慮して銀行資産の保有量を制限する規制が議論され、「国債を持つリスクが強まった」（メガ銀首脳）ためだ。

資金循環統計によると6月末時点で日銀の国債保有額は245兆円。2%の物価上昇に向け、長期国債を年80兆円のペースで買い増しており年末には280兆円程度に達する見通し。ゆうちょ銀を含む銀行は259兆円と1年で26兆円減った。

3メガバンク単体の貸出金は3年前から40兆円増えた。海外融資などが増え、一定の緩和効果は出ている。ただ日銀などに預けている現金は貸出金の倍以上増えた。国内の資金需要が限られていることが背景にある。

日銀は大規模緩和によって金利低下で銀行が国債から貸し出しなどに資金を移す効果を期待したが「資産調整は限定的だった」（クレディ・スイス証券の白川浩道チーフエコノミスト）。

（注）日銀資金循環統計、銀行はゆうちょ銀行（2007年末までは郵便貯金）を含む

米連邦準備理事会（FRB）の米国債の保有は2割弱なのに対し日銀の国債保有シェアは年内に3割を超える見通しだ。購入額も国債の新規発行の2倍以上の規模で、政府の赤字を中央銀行が穴埋めする財政ファイナンスの色合いも増しており、財政や通貨の信認が傷つく恐れもある。

日銀は物価目標の達成時期を「2016年度後半ごろ」としており、年明け以降も大量の国債購入を続ける公算が大きい。同じペースで国債を買い続けると市場から国債が消える可能性がある。国際通貨基金（IMF）は8月、日銀の国債買い入れが17～18年に限界を迎えるとのリポートを公表した。日銀が大胆な金融緩和を続けられるか微妙な段階に入りつつある。

金融緩和が出口を迎えた後の日銀の財務への懸念もある。金利が上がり始めれば、日銀が金融機関に支払う利払い費が膨らむ一方、抱え込んだ低利の国債からの利息収入はなかなか増えないため、収益が悪化する可能性が高い。政府・日銀は引当金制度を新設して影響を抑える構えだが、日銀の健全性が損なわれ、結果的に国民負担が増える可能性もゼロではない。

（日本経済新聞二〇一五年一二月一二日付）

化する可能性が高い。政府・日銀は引当金制度を新設して影響を抑える構えだが、日銀の健全性が損なわれ、結果的に国民負担が増える可能性もゼロではない。（日本経済新聞二〇一五年一二月一二日付）

ここで重要なのは最後の部分だ。「日銀の健全性が損なわれ、結果的に国民負担が増える可能性もゼロではない」というのだ。国民負担が増えるとは、日銀の信認が傷付いて円の価値が暴落し、その結果として国民の資産が大きく減るということだ。

現状の金融緩和はリスクと副作用が大き過ぎる

日銀の資産の規模が異常なことは、財政の専門家の文献を見てもわかる。元財務相の官僚で法政大学教授である小黒一正氏は『財政危機の深層』（ＮＨＫ出版新書刊）の中で次のように述べている。

図表５−３（編集部注：二二七ページの図表）は、日銀が現在の異次元緩和で長期国債の買い入れなどを継続した場合、日銀の総資産（対ＧＤＰ）がどこまで膨らむかを予測したものである。これを見ると、二〇一三年時点でも欧州中央銀行（ＥＣＢ）、アメリカの連邦準備制度理事会（ＦＲＢ）や、イングランド銀行（ＢＯＥ）の総資産（対ＧＤＰ）が二〇〜二五％の範囲なのに対し、日銀は約四三％と突出していることがわかる。

（小黒一正著『財政危機の深層』ＮＨＫ出版新書）

二年以上前の二〇一三年時点で日銀の総資産はＧＤＰの四三％となっており、二〇一五年にはＧＤＰの六〇％（三〇〇兆円）を超えてしまったのだ。これはまさに異常な出来事だ。このままいけば、二〇一七〜二〇一八年にはＧＤＰと同じ五〇〇兆円に到達するが、それは世界の先進国の歴史にも例をみない出来事であり、日銀の行動は未曽有の領域に達したと言ってよい。

安倍首相は、日銀という打ち出の小槌を自分の好き勝手に使っているが、そのツケはいずれとんでもない形となって、この国と私たちの生活に襲いかかって来るだろう。しかも、現時点でも日銀による国債の大量買いは、すでに大きな弊害を生み始めている。これは、ある意味で不気味な「前兆」と言ってよい。

日銀があまりにも大量の国債を買い上げているために、市場から国債が干上がり、かえって金利上昇のリスクが高まるという考えられない状況が出現し始めている。まさに、陰極まれば陽に転ずるとはこのことだ。それを証拠づけるように、日本経済新聞二〇一五年一〇月二三日付は「異次元緩和　ゆがむ市場」という特集の中で次のように述べている。

「あと二年が限界ですね」。BNPパリバ証券の渡辺誠氏はこう指摘する。日銀の保有国債残高は三〇〇兆円を超え、発行残高の三割を占める。BNPパリバ証券の試算によると、このまま日銀が国債を買い続ければ、一七年末に保有比率が五割を超える。銀行などが取引の担

主要中央銀行の総資産額の推移（対GDP比）

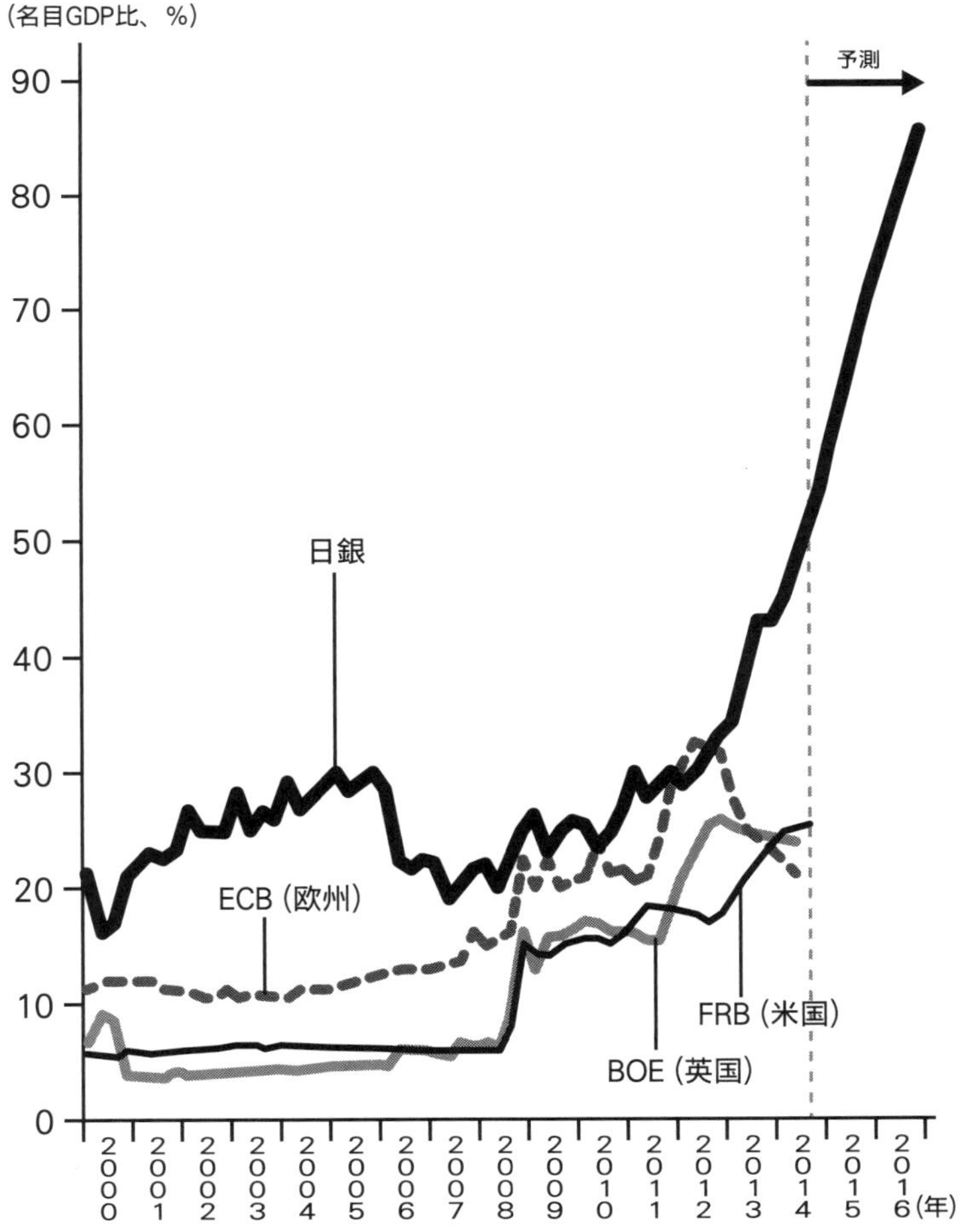

各国中央銀行のデータを基に作成

保に使う国債を除くと、買える国債が事実上なくなり、いずれ債券市場は干上がる。「市場の流動性は突然枯渇することもある」。国際通貨基金（ＩＭＦ）は七日、「国際金融安定性報告書」の中で、世界の債券市場で円滑な取引が難しくなったと指摘。金利上昇リスクが高まっていると警告した。一九九八年の「運用部ショック」や二〇〇三年の「ＶａＲショック」では数カ月で長期金利が一％以上急騰した。

（日本経済新聞二〇一五年一〇月二三日付）

さらに、日銀の幹部からもとんでもない発言が飛び出した。二〇一五年一二月三日、日銀の木内登英審議委員は東京都内で講演し、現在の日銀の国債の大量購入に警告を発した。「年間八〇兆円（残高ベース）の国債買い入れを『永遠には続けられない』ため、市場で買い入れの限界が意識されれば金利が上昇するリスクがある」（ロイター通信二〇一五年一二月三日付）と明言した。またこのまま日銀が国債の買い入れを続けると、国債発行残高に占める中央銀行の保

有比率が現在先進国で最大の英国の四割をも上回り、「未曽有の領域に突入する」とも警告した。

私が別のルートから聞いた話によると、日銀の中堅スタッフの中にも「通貨と金利の番人である日銀がこんなことをしていてよいのか」という声が上がり始めているという。

さらに、日銀の中枢にいた元幹部までもが日銀が今の政策をそのまま続ければ国債暴落と円の急落が起きると警告し始めている。元日銀理事で日銀の経済分析の責任者を長年務めてきた、富士通総研の早川英男エグゼクティブ・フェローは二〇一五年七月三日東京都内で講演し、まず「政府の財政再建計画は信頼性が乏しい」と述べた。さらに、「政府の財政再建を前提に日銀が進める量的・質的緩和（ＱＱＥ）は長期金利の急騰（＝国債暴落）や急激な円安を招く」と指摘、日銀の政策は「失敗に陥る確率が八割に高まった」（ロイター通信二〇一五年七月三日付）と警告した。

その詳しい内容は、ロイター通信が次のように伝えているので熟読してほしい。

二％の目標に達成した時点で、債券市場が日本の財政の持続可能性を信じていなければ、「日銀が国債買い入れを止める際に金利が急騰する。買い入れを継続しても円安とインフレのスパイラルになる」と警告。

政府が六月三〇日に決めた「経済財政運営の基本方針（骨太の方針）」に盛り込まれた財政再建計画は「楽観的前提に基づく経済再生ケースを前提としているうえ、具体的な歳出削減目標も示されず、信頼性に乏しい」と批判。「ギャンブル」と表現した日銀のＱＱＥが「失敗に終わる確率はこの一カ月間で高まった」と指摘した。

日銀が大量の国債買い入れを進めていることから、現実には長期金利の急騰よりも先に円の急落が起こる可能性があると指摘。政府は「日本人資産の海外逃避を防ぐため資本規制に踏み切らざるを得ない」と予言した。

（ロイター通信二〇一五年七月三日付）

さらに、黒田日銀総裁自らが政府内の重要な会議において、次のような重大発言を行なっていたのだ。それは二〇一五年二月の「経済財政諮問会議」の席上のことだった。二ヵ月後の日本経済新聞の特ダネでその内容がスッパ抜かれた。少し長くなるが、その記事の一部をここに引用したい。

公表済みの議事要旨では削除されていたが、黒田総裁は「(二〇二〇年度の基礎的財政収支黒字化に)もっと本腰を入れてやらないといけない。リスキーな状況になってきている」と強く主張した。首相と日銀総裁の間に緊張が走った会議の模様を再現してみると……。

「ここからはセンシティブな話なので、外に出ないように議事録から外してもらいたい」

二月一二日午後五時から首相官邸四階大会議室で開いた諮問会議。やや遅れて入室した安倍首相も交えた議論が一気に張り詰めたのは黒田総裁がこんな「オフレコ要請」を口にした瞬間だった。

（中略）

「これからお話しすることはもう少し深刻な話である。実はドイツ、アメリカ、イギリスなどが強硬に、銀行が自国の国債を持つことについても資本を積むべきであると主張している」

いまの規制では銀行が自国の国債を持っていてもリスクとはみなされないが、ドイツなどの言い分が通れば、日本の銀行は保有する国債の量に応じて資本を積み増す必要が出てくる。事実、（国際規制を決める）バーゼル銀行監督委員会は今年に入ってから具体的な議論を始めたもようだ。

「とんでもない話。日本やイタリアが反対しているためなかなか合意に至らないと思うが、ドイツや米国が自国でそういった規制を導入する可能性がある」

そうなれば「アナリストは日本の銀行がどれほど国債を持っている か、同じルールが適用されればどれほど資本が不足しているか言い立てるようになる」と総裁は心配する。国債の格付けが低いほど必要な資本は多くなりかねない。「資本不足と言われるのを恐れ（銀行は）国債を手放してしまうかもしれない」

（日本経済新聞二〇一五年四月一五日付）

さらに驚くべきは、一番地味ではっきりした根拠のないことは言わないはずの〝学者〟までが、日銀についてとんでもないことを言い始めたのだ。

法政大学教授の小黒一正氏は次のように述べている。

今回の量的緩和によって将来的に発生するリスクや副作用に対する懸念は、専門家の間でも強い。実際、日銀の金融政策を決める委員会で、今回の決定は五の賛成に対して四の反対という僅差だった。筆者も、際限のない量的緩和は、未来に大きなツケを払わせる可能性が高いという懸念を抱いている。

（中略）

ＦＲＢも、量的緩和は一種の「モルヒネ」であることはよく承知しており、いつまでも続けられるとは考えていないことは確かである。

一方、日銀がこのまま異次元緩和を継続していくとすれば、筆者の予測では、二〇一六年末の日銀の総資産は約四二〇兆円、対ＧＤＰにして約八五％に達する可能性が出てくる。

「資産が増える」という言葉だけを聞けば、なにやら「お金が増える」という、いいイメージを持つかもしれないが、中央銀行がここまで総資産（対ＧＤＰ）を膨張させるということは、負債としての同額の膨大な通貨を市中に供給していることを意味する。

忍び寄る巨大リスク

このような状況のなかで、懸念すべきはインフレだ。経済が活力を取り戻しインフレが高進してきた場合や、中東情勢の急変による原油価格の高騰などで突発的なインフレが顕在化した場合、もはや日銀は

インフレを制御できないかもしれない。（傍点は浅井隆）

（小黒一正著『財政危機の深層』NHK出版新書）

ということは将来、日本はとんでもないインフレと円安に見舞われ、私たちの生活は日銀もろとも吹き飛んでしまうということだ。

では、どのくらいのインフレが想定されるのか。小黒教授はオーソドックスな計算式を用いて、六・八倍の物価上昇という風に想定している。

デフレ状態が長く続いてきたこの日本で、将来、物価が六・八倍に上昇することがあれば、円で資産を持っているほとんどの日本人が壊滅的被害を受けることになる。一個一〇〇円のパンが六八〇円になるということだ。そのことを小黒教授は「そこまでひどいインフレにならなくとも、インフレ率が二桁台に乗っただけでも、家計は『インフレ税』に苦しめられるだろう」とし、インフレは一種の税金であるという見方を示している。国民の生活が困窮する一方、政府の借金の実質的価値は目減りするからだ。さらにその後、「日銀にとって、もはや『出口戦略』も難しい」と断言し、次のように結論付けている。

すでに二〇一五年一〇月に予定していた消費税率一〇％の引き上げが先送りされたが、政府が財政再建を行う意志がなければ、増税を前提に異次元緩和を進めている日銀はハシゴを外された格好となる。なぜなら、財政規律が緩み、量的緩和で日銀が国債の買い入れを続けると、それは実質的に「財政ファイナンス」と見なされるおそれもあるからだ。

財政ファイナンスとは、財政赤字を穴埋めするため、日銀が国債を大量に買い取ることをいう。現在の量的緩和の目的はデフレ脱却だが、それが財政ファイナンスになると話が違ってくる。その結果、迎えうる最悪の帰結としては、一九二三年ごろのドイツが経験したような「ハイパーインフレ」まではいかずとも、物価上昇率が二〇％を超えるような「高インフレ」が考えられる。

インフレが高進し、その圧力で長期金利が上昇を始めると、政府債務の利払い費は急増していく。そのような状況で、金融政策が財政に配慮せざるをえなくなってしまう場合、日銀がインフレを制御することができなくなるリスクも存在する。そうなってからでは「時すでに遅し」である。巨大なリスクを抱え込む「異次元緩和」は財政のためにも続けるべきではない。

（小黒一正著『財政危機の深層』ＮＨＫ出版新書）

国を過度に信頼する人は全財産を失う

では、このような事実を前提に今後、日銀がやってきたことを背景にどのようなことがこの日本で起きるのかを予想してみよう。

まず、日銀が年間八〇兆円も国債を買っている今の異次元緩和は二、三年以内に必ず行き詰まり、金利が上昇する局面がやって来る。ただし、市場の特性からいって国債市場は政府・日銀がコントロールしやすいことから、まず為替市場において円の方が暴落する方が先だろう。円安は、輸入大国日本にとってインフレを意味し、ある程度以上のインフレは必ず金利の上昇を促すことになる。金利上昇は、すなわち国債価格の下落を意味し、それがあるレベルに到達すると国債を大量に保有する金融機関が損失をこうむることとなり、金融機関自体が国債をパニック的に売って来る可能性が高い。そうなったら大変だ。

さらに、大量に国債を保有する日銀そのものが危うくなり、最悪破綻してしまう。日銀の信用が失われれば、日銀は発券銀行だから当然円の信認自体も失われ、円の大暴落が始まる。一ドル＝一五〇円、二〇〇円どころか、最終的にはあの戦後の為替のスタート地点だった一ドル＝三六〇円自体を突破してしまうかもしれない。

一方、価値の下がった国債をかかえてニッチもサッチもいかなくなった都銀、地銀、ゆうちょ銀行さらには生保や損保までが経営危機に陥り、やがてはそれが日本全体の「金融危機」へと拡大していく。

さすがにその頃には、国民の多くもこれは何か変だと気付き、やがて浮き足立って銀行に殺到することになる。取り付け騒ぎの発生だ。

それを見て慌てた政府は、ついに「資本規制」を発動することとなる。政府にとって一番怖いのは、国民が資産を海外に持ち出すことで、それがある程度以上の規模になると、人体における大量出血と一緒で国家が即死してしまう。それを防ぐために、国家は国民の資産移動に大規模な規制を課して銀行からの一日の引き出し額を制限し、さらには海外への送金の事実上の禁止などを断行して来る。

こうなったら国民の側としてはもうオシマイだ。自分の財産を守れなくなる。インフレでどんどん自らの財産が目減りしていくのを涙をのんで見ているしかない。その後は大混乱だ。ギリシャを超えるパニックが日本国内を吹き荒れることだろう。

しかし、それはあくまでも予兆に過ぎなかった。最終的には二〇二二年頃、国家破産の本番がやって来る。経済は、ハイパーインフレと円の暴落で大不況

何が起きるのか
取り付け騒ぎ
資本規制
大混乱
国家破産
ハイパーインフレ　大増税
徳政令

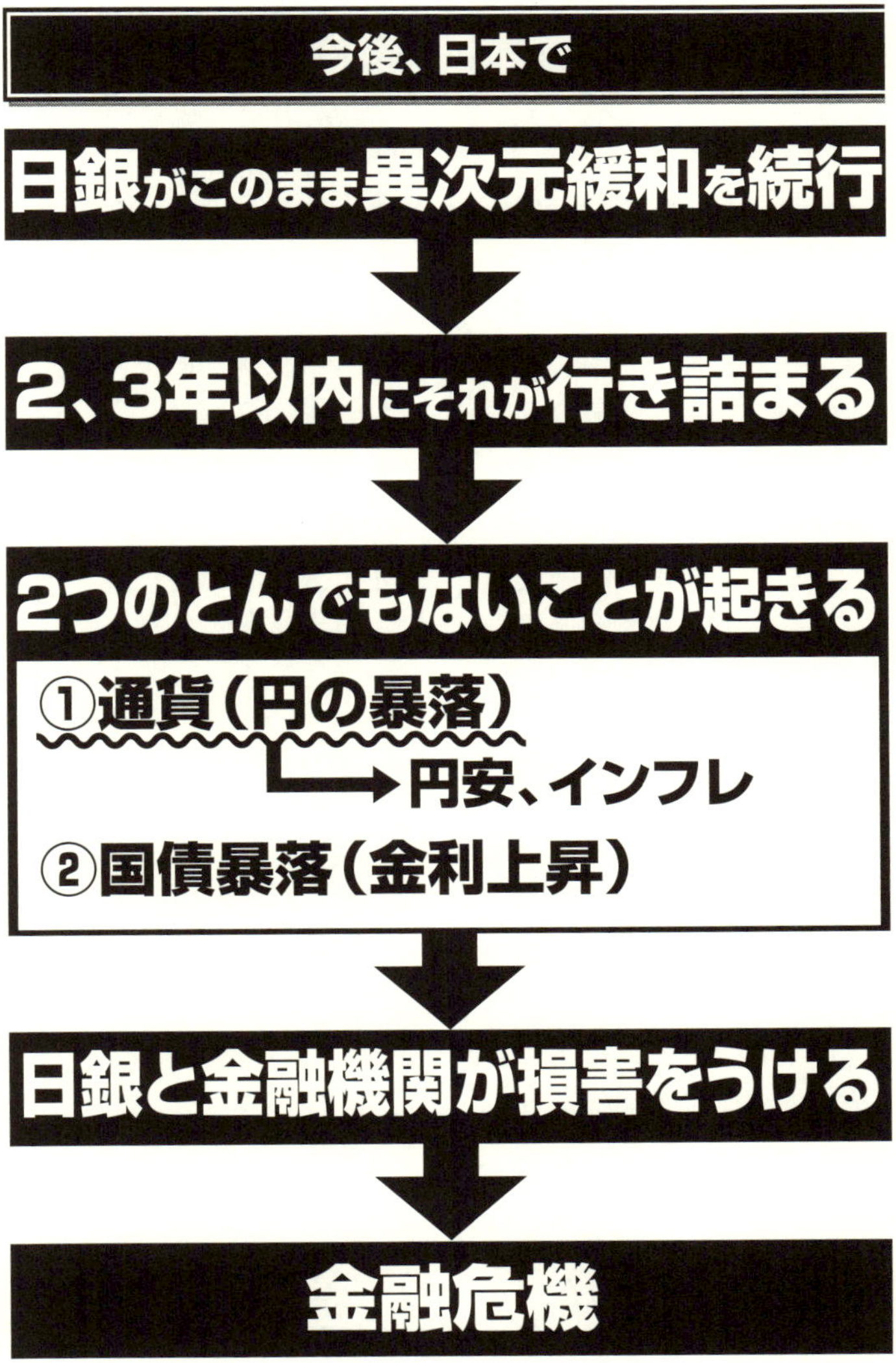
今後、日本で
日銀がこのまま異次元緩和を続行
2、3年以内にそれが行き詰まる
2つのとんでもないことが起きる
①通貨（円の暴落）
円安、インフレ
②国債暴落（金利上昇）
日銀と金融機関が損害をうける
金融危機

に陥る。金利も上下に大きくブレながら信じられないレベルに高騰していく。もはや日銀自体が破綻しているために、日銀の政策には何の信頼性もなく、誰も日銀のことも政府のことも信用しなくなっている。年金も破綻し、医療を中心とした社会保険制度も崩壊寸前だ。

そして二〇二五年を過ぎた頃には、日本人全員がまさかと思っていた「徳政令」が断行され、預金封鎖と新円切換、さらには資産税によって国民の資産の大半が消滅してしまう。海外では「日本はもはや先進国ではない」と言われ、国内では「誰がこんな事態を引き起こしたのか」という戦犯探しが始まる。

唯一生き残ったのは、早目に自らの資産を海外に出していた人々だけだった。

残念なことに、国を信用し過ぎた人は、全財産を失ってただただ途方に暮れるのみだった。

エピローグ

歴史は「国によって国民の資産が奪われたこと」を教えている

本書を読まれて、読者であるあなたはどう思われたであろうか。

政府の借金がすでにGDPの二五〇％を超え（IMF発表）、日銀の資産があと一、二年でGDPの一〇〇％に到達しようとしている。

その限界の日まであなたは座して死を待つのだろうか。昔から「賢者は最悪を想定して、楽観的に行動する」という。賢者であるあなたには、ぜひ早目にできる限りの手を打ってほしい。

というのも、政府に残された道は「インフレによる国民の資産の緩慢なる死と引きかえの政府の借金の棒引き」か、あるいは「徳政令による急激な国民資産の収奪による借金との相殺」しかないからだ。

歴史は繰り返すという。今から七〇年前の昭和二一年二月の寒い日、突然の「銀行預金封鎖」と「戦時国債の紙キレ化」によって国民の資産は奪われた。

そして、最高税率九〇％というすさまじい「資産税」が課せられた。

さらにその間、年率数百％という激しいハイパーインフレが国民の生活に襲いかかった。その原因は、日中戦争～太平洋戦争における政府の膨大な借金（終戦直前の昭和一九年にＧＤＰ比二〇四％に達していた）とそれを支えるための日銀の資産膨張にあった。

今回も、それとまったく同じことが起きている。

これでもあなたは備えないだろうか。歴史の証明するところに従えば、遅くとも二〇二五年までになにかとんでもないことが始まるだろう。一〇年後、この国には破綻して信用が地に堕ちた中央銀行と、生活に困窮した無数の老人が呆然と立ち尽くしているに違いない。

しかし、しっかり手を打ったひと握りの人々は何もなかったように悠然と生き残っているはずだ。いつの時代も知恵と決断の有無が生死を分けるのである。

二〇一六年五月吉日

浅井　隆

浅井隆からの重要なお知らせ
――国家破産を生き残るための具体的ノウハウ

来たる大恐慌への対策に特化した「大恐慌生き残り講座」

最近書籍その他で私が述べているように、国家破産の前に世界恐慌が二〇一七〜八年にやってきそうです。中国をはじめそのくらい現在の世界経済状況が悪いのです。ジョージ・ソロスもリーマン・ショックを超える大変な危機が来ると言っています。国家破産の前に恐慌に備えなければなりません。大恐慌への対策に特化した特別な講座を三回に分けて開催します。

「大恐慌生き残り講座」（全三回、受講料実費）は、第一回・二〇一六年八月二日（火）、第二回・十月一二日（水）、第三回・十二月二二日（木）を予定し

ております。この講座では今までの発刊書籍や恐慌対策ノウハウを集約し、最新情報を随時更新してご提供いたします。

「大恐慌生き残り講座」は第二海援隊グループの経済トレンドレポート購読会員限定の講座です。ぜひ、「経済トレンドレポート」の購読ができるいずれかのクラブにご入会の上、ご参加ください。

厳しい時代を賢く生き残るために必要な情報収集手段

国家破産へのタイムリミットが刻一刻と迫りつつある中、ご自身のまたご家族の老後を守るためには二つの情報収集が欠かせません。一つは「国内外の経済情勢」に関する情報収集、もう一つは「海外ファンド」に関する情報収集です。これについては新聞やテレビなどのメディアやインターネットでの情報収集だけでは絶対に不十分です。私はかつて新聞社に勤務し、以前はテレビに出演をしたこともありますが、その経験からいえることは「新聞は参考情報。テレビはあくまでショー（エンターテインメント）」だということです。インターネットも含め誰もが簡単に入手できる情報で、これからの激動の時代を生き残っていくことはできません。

皆様にとってもっとも大切なこの二つの情報収集には、第二海援隊グループ（代表　浅井隆）で提供する「会員制の特殊な情報と具体的なノウハウ」をぜひご活用ください。

〝国家破産対策〟の入口「経済トレンドレポート」

最初にお勧めしたいのが、浅井隆が取材した特殊な情報をいち早くお届けする「経済トレンドレポート」です。浅井および浅井の人脈による特別経済レポートを年三三回（一〇日に一回）格安料金でお届けします。経済に関する情報提供を目的とした読みやすいレポートです。新聞やインターネットではなかなか入手できない経済のトレンドに関する様々な情報をあなたのお手元へ。さらに国家破産に関する『特別緊急情報』も流しております。「国家破産対策をしなければならないことは理解したが、何から手を付ければ良いかわからない」

という方は、まずこのレポートをご購読下さい。
詳しいお問い合わせ先は、㈱第二海援隊

TEL：〇三（三二九一）六一〇六
FAX：〇三（三二九一）六九〇〇

具体的に〝国家破産対策〟をお考えの方に

そして何よりもここでお勧めしたいのが、第二海援隊グループ傘下で独立系の投資助言・代理業を行なっている「株式会社日本インベストメント・リサーチ」（関東財務局長（金商）第九二六号）です。この会社で二つの魅力的な会員制クラブを運営しております。私どもは、かねてから日本の国家破産対策のもっとも有効な対策として海外のヘッジファンドに目を向けてきました。そして、この二〇年に亘り世界中を飛び回りすでにファンドなどの調査に莫大なコストをかけて、しっかり精査を重ね魅力的な投資・運用情報だけを会員の皆様限定でお伝えしています。これは、一個人が同じことをしようと思っても無理な話です。また、そこまで行なっている投資助言会社も他にはないでしょう。

投資助言会社も、当然玉石混淆であり、特に近年は少なからぬ悪質な会社に対して、当局の検査の結果、業務停止などの厳しい処分が下されています。しかし「日本インベストメント・リサーチ」は、すでに二度当局による定期検査を受けていますが、行政処分どころか大きな問題点はまったく指摘されませんでした。これも誠実な努力に加え、厳しい法令順守姿勢を貫いていることの結果であると自負しております。

私どもがそこまで行なうのには理由があります。私は日本の「国家破産」を憂い、会員の皆様にその生き残り策を伝授したいと願っているからです。その生き残り策がきちんとしたものでなければ、会員様が路頭に迷うことになります。ですから、投資案件などを調査する時に一切妥協はしません。その結果、私どもの「ロイヤル資産クラブ」には多数の会員様が入会して下さり、「自分年金クラブ」と合わせると数千名の顧客数を誇り、今では会員数がアジア最大と言われています。

このような会員制組織ですから、それなりに対価をいただきます。ただそれで、私どもが十数年間、莫大なコストと時間をかけて培ってきたノウハウを得られるのですから、その費用は決して高くないという自負を持っております。まだクラブにご入会いただいていない皆様には、ぜひご入会いただき、本当に価値のある情報を入手して国家破産時代を生き残っていただきたいと思います。そして、この不透明な現在の市場環境の中でも皆様の資産をきちんと殖やしていただきたいと考えております。

一〇〇〇万円以上を海外投資へ振り向ける資産家の方向け「ロイヤル資産クラブ」

「ロイヤル資産クラブ」のメインのサービスは、数々の世界トップレベルのファンドの情報提供です。特に海外では、日本の常識では考えられないほど魅力的な投資案件があります。

ジョージ・ソロスやカイル・バスといった著名な投資家が行なう運用戦略と

しておなじみの「グローバル・マクロ」戦略のファンドも情報提供しています。
この戦略のファンドの中には、株式よりも安定した動きをしながら、目標年率リターンが一〇～一五％程度のものもあります。また、二〇〇九年八月～二〇一六年三月の六年七ヵ月の間で一度もマイナスになったことがなく、ほぼ一直線で年率リターン七・七％（米ドル建て）と安定的に推移している特殊なファンドや目標年率リターン二五％というハイリターン狙いのファンドもあります。もちろん他にもファンドの情報提供を行なっておりますが、情報提供を行なうファンドはすべて現地に調査チームを送って徹底的に調査を行なっております。

また、ファンドの情報提供以外のサービスとしては、現在保有中の投資信託の評価と分析、銀行や金融機関とのお付き合いの仕方のアドバイス、為替手数料やサービスが充実している金融機関についてのご相談、生命保険の見直し・分析、不動産のご相談など、多岐に亘っております。金融についてありとあらゆる相談が「ロイヤル資産クラブ」ですべて受けられる体制になっています。

詳しいお問い合わせ先は「ロイヤル資産クラブ」
TEL：〇三（三二九二）七二九一
FAX：〇三（三二九二）七二九二

一般の方向け「自分年金クラブ」

一方で、「自分年金クラブ」では「一〇〇〇万円といったまとまった資金はないけど、将来に備えてしっかり国家破産対策をしたい」という方向けに、比較的「海外ファンド」の中では小口（最低投資金額が約三〇〇万円程度）で、かつ安定感があるものに限って情報提供しています。

「レラティブバリュー・コリレーション」という金融の最先端の運用戦略を使ったファンドも情報提供中です。この戦略のファンドの中に、年率リターン一一・四％（二〇一一年九月～二〇一六年二月）とかなりの収益を上げている一方で、一般的な債券投資と同じぐらいの安定感を示しているものもあります。債券投資並みの安定感で、年率リターンが二桁であることには驚きます。また国家破産時代の資産防衛に関する基本的なご質問にもお答えしておりますので、初心者向きです。
詳しいお問い合わせ先は「自分年金クラブ」
TEL：〇三（三二九一）六九一六
FAX：〇三（三二九一）六九九一
※「自分年金クラブ」で情報提供を行なっているすべてのファンドは、「ロイヤル資産クラブ」でも情報提供を行なっております。

投資助言を行なうクラブの最高峰「プラチナクラブ」

会員制組織のご紹介の最後に「プラチナクラブ」についても触れておきます。メインのサービスは、「ロイヤル資産クラブ」と同じで、数々の世界トップレベルのファンドの情報提供です。ただ、このクラブは第二海援隊グループが行なう投資・助言業の中で最高峰の組織で、五〇〇〇万円以上での投資をお考えの方向けのクラブです（五〇〇〇万円以上は目安で、なるべくでしたら一億円以上が望ましいです。なお、金融資産の額をヒヤリングし、投資できる金額が二〇—三〇万米ドル（二四〇〇—三六〇〇万円）までの方は、原則プラチナクラブへの入会はお断りいたします）。

ここでは、ロイヤル資産クラブでも情報提供しない特別で希少な世界トップレベルのヘッジファンドを情報提供いたします。皆様と一緒に「大資産家」への道を追求するクラブで、具体的な目標としまして、「一〇年で資金を四—六倍（米ドル建て）」「二倍円安になれば八—一二倍」を掲げています。当初八〇名限定でスタートし、お申し込みが殺到したことでいったん枠がいっぱいになっていましたが、最近二〇名の追加募集をしております。ご検討の方はお早目のお問い合わせをお願いいたします。

詳しいお問い合わせ先は「㈱日本インベストメント・リサーチ」

TEL：〇三（三二九一）七二九一

FAX：〇三（三二九一）七二九二

海外移住をご検討の方に

さらに、財産の保全先、移住先またはロングステイの滞在先として浅井隆がもっとも注目する国――ニュージーランド。そのニュージーランドを浅井隆と共に訪問する、「浅井隆と行くニュージーランド視察ツアー」を二〇一六年一一月に開催いたします（その後も毎年一回の開催を予定しております）。ツアーでは、浅井隆の経済最新情報レクチャーがございます。

また、資産運用を行なう上でぜひお勧めしたいのが金融立国シンガポール。このシンガポールを視察する「シンガポール金融視察ツアー」も二〇一六年一〇月に第二海援隊グループの投資助言会社「日本インベストメント・リサーチ」の企画で開催いたします（その後も毎年一、二回の開催を予定しております）。海外の金融事情やファンドについてたっぷりレクチャーが聞けるのがこのツアーの最大のメリットです。

国家破産特別講演会、浅井隆講演会、インターネット情報

浅井隆のナマの声が聞ける講演会

著者・浅井隆の講演会を開催いたします。二〇一六年下半期は名古屋・一〇月二一日（金）、大阪・一〇月二二日（土）、東京・一一月五日（土）を予定しております。国家破産の全貌をお伝えすると共に、生き残るための具体的な対策を詳しく、わかりやすく解説いたします。

いずれも、活字では伝わることのない肉声による貴重な情報にご期待下さい。

第二海援隊ホームページ

また、第二海援隊では様々な情報をインターネット上でも提供しております。詳しくは「第二海援隊ホームページ」をご覧下さい。私ども第二海援隊グルー

プは、皆様の大切な財産を経済変動や国家破産から守り殖やすためのあらゆる情報提供とお手伝いを全力で行なっていきます。

改訂版!! 別冊秘伝

必読です

浅井隆が世界をまたにかけて収集した、世界トップレベルの運用ノウハウ（特に「海外ファンド」に関する情報満載）を凝縮した小冊子を作りました。実務レベルで基礎の基礎から解説しておりますので、本気で国家破産から資産を守りたいとお考えの方は必読です。ご興味のある方は以下の二ついずれかの方法でお申し込み下さい。

①現金書留にて一〇〇〇円（送料税込）と、お名前・ご住所・電話番号および「別冊秘伝」希望と明記の上、弊社までお送り下さい。

②一〇〇〇円分の切手と、お名前・ご住所・電話番号および「別冊秘伝」希望と明記の上、弊社までお送り下さい。

郵送先　〒一〇一―〇〇六二　東京都千代田区神田駿河台二―五―一
住友不動産御茶ノ水ファーストビル八階
株式会社第二海援隊「別冊秘伝」係
TEL：〇三（三二九一）六一〇六
FAX：〇三（三二九一）六九〇〇

＊以上、すべてのお問い合わせ、お申し込み先・㈱第二海援隊
TEL：〇三（三二九一）六一〇六
FAX：〇三（三二九一）六九〇〇
Eメール　info@dainikaientai.co.jp
ホームページ　http://www.dainikaientai.co.jp

〈参考文献〉

【新聞・通信社】

『日本経済新聞』『ブルームバーグ』『ロイター通信』
『フィナンシャル・タイムズ』

【書籍】

『ポケット図解 日本銀行の基本と仕組みがわかる本』（久保田博幸・秀和システム）
『貨幣論』（岩井克人・ちくま学芸文庫）
『日本銀行』（翁邦雄・筑摩書房）
『資本論』（マルクス・向坂逸郎訳・岩波文庫）
『経済学批判』（マルクス・武田隆夫他訳・岩波文庫）
『エンデの遺言「根源からお金を問うこと」』（河邑厚徳＋グループ現代・ＮＨＫ出版）
『共同幻想論』（吉本隆明・角川文庫）
『日銀　円の王権』（吉田祐二・学習研究社）
『財政危機の深層』（小黒一正・ＮＨＫ出版新書）
『日銀を知れば経済がわかる』（池上彰・平凡社）
『日本銀行と政治』（上川龍之進・中央公論新社）
『戦後史開封２』（「戦後史開封」取材班・産経新聞ニュースサービス）
『経済は世界史から学べ！』（茂木誠・ダイヤモンド社）

【拙著】

『金が日本を救う！』（徳間書店）
『世界恐慌か国家破産か〈パニック編〉』（第二海援隊）
『円もドルも紙キレに！　その時ノルウェークローネで資産を守れ』（第二海援隊）

【その他】

『週刊現代』『現代ビジネス』

【ホームページ】
フリー百科事典『ウィキペディア』
『ウォールストリート・ジャーナル電子版』『ニューズウィーク』
『JCAST ニュース』『ZUU online』『テレグラフ』『バロンズ』
『ニュースソクラ』『日経ビジネスオンライン』『日本銀行』
『東洋経済オンライン』『参議院』『レコード・チャイナ』
『中央日報』『みずほ総合研究所』『野村総合研究所』『株探』
『慶應義塾大学 グローバルセキュリティ研究所』『早稲田大学』
『日本大学経済学部』『神戸大学経済経営研究所』
『独立行政法人 国際協力機構』『三菱東京 UFJ 銀行』
『公益財団法人　日本証券経済研究所』
『ＢＬＯＧＯＳ』『Ａｌｌ Ａｂｏｕｔ』
『World Gold Council』『Trendswatcher』

〈著者略歴〉

浅井　隆　（あさい　たかし）

経済ジャーナリスト。1954 年東京都生まれ。学生時代から経済・社会問題に強い関心を持ち、早稲田大学政治経済学部在学中に環境問題研究会などを主宰。一方で学習塾の経営を手がけ学生ビジネスとして成功を収めるが、思うところあり、一転、海外放浪の旅に出る。帰国後、同校を中退し毎日新聞社に入社。写真記者として世界を股に掛ける過酷な勤務をこなす傍ら、経済の猛勉強に励みつつ独自の取材、執筆活動を展開する。現代日本の問題点、矛盾点に鋭いメスを入れる斬新な切り口は多数の月刊誌などで高い評価を受け、特に 1990 年東京株式市場暴落のナゾに迫る取材では一大センセーションを巻き起こす。その後、バブル崩壊後の超円高や平成不況の長期化、金融機関の破綻など数々の経済予測を的中させてベストセラーを多発し、1994 年に独立。1996 年、従来にないまったく新しい形態の 21 世紀型情報商社「第二海援隊」を設立し、以後約 20 年、その経営に携わる一方、精力的に執筆・講演活動を続ける。2005 年 7 月、日本を改革・再生するための日本初の会社である「再生日本 21」を立ち上げた。主な著書：『大不況サバイバル読本』『日本発、世界大恐慌！』（徳間書店）『95 年の衝撃』（総合法令出版）『勝ち組の経済学』（小学館文庫）『次にくる波』（PHP 研究所）『Human Destiny』（『9・11 と金融危機はなぜ起きたか !?〈上〉〈下〉』英訳）『あと２年で国債暴落、１ドル＝ 250 円に !!』『東京は世界１バブル化する！』『株は２万 2000 円まで上昇し、その後大暴落する !?』『円もドルも紙キレに！　その時ノルウェークローネで資産を守れ』『あと２年』『円崩壊』『驚くべきヘッジファンドの世界』『いよいよ政府があなたの財産を奪いにやってくる !?』『2017 年の衝撃〈上〉〈下〉』『ギリシャの次は日本だ！』『すさまじい時代〈上〉〈下〉』『世界恐慌前夜』『あなたの老後、もうありません！』（第二海援隊）など多数。

日銀が破綻する日

2016年6月23日　初刷発行

著　者　浅井　隆
発行者　浅井　隆
発行所　株式会社　第二海援隊
〒101-0062
東京都千代田区神田駿河台2-5-1　住友不動産御茶ノ水ファーストビル8F
電話番号　03-3291-1821　　FAX番号　03-3291-1820

印刷・製本／中央精版印刷株式会社

ISBN978-4-86335-170-7

Printed in Japan

第二海援隊発足にあたって

日本は今、重大な転換期にさしかかっています。にもかかわらず、私たちはこの極東の島国の上で独りよがりのパラダイムにどっぷり浸かって、まだ太平の世を謳歌しています。

しかし、世界はもう動き始めています。その意味で、現在の日本はあまりにも「幕末」に似ているのです。ただ、今の日本人には幕末の日本人と比べて、決定的に欠けているものがあります。それこそ、志と理念です。現在の日本は世界一の債権大国（＝金持ち国家）に登り詰めはしましたが、人間の志と資質という点では、貧弱な国家になりはててしまいました。それこそが、最大の危機といえるかもしれません。

そこで私は「二十一世紀の海援隊」の必要性を是非提唱したいのです。今日本に必要なのは、技術でも資本でもありません。志をもって大変革を遂げることのできる人物と、それを支える情報です。まさに、情報こそ〝力〟なのです。そこで私は本物の情報を発信するための「総合情報商社」および「出版社」こそ、今の日本にもっとも必要と気付き、自らそれを興そうと決心したのです。

しかし、私一人の力では微力です。是非皆様の力をお貸しいただき、二十一世紀の日本のために少しでも前進できますようご支援、ご協力をお願い申し上げる次第です。

浅井　隆